MON CAHIER
CRISTAL POWER

AURORE WIDMER

ILLUSTRATIONS
ISABELLE MAROGER (COUVERTURE)
DJOÏNA AMRANI (INTÉRIEUR)

SOLAR
EDITIONS

SOMMAIRE

Introduction 3

Test : Quelle magie les cristaux vont-ils donner à votre vie ? .. 4

Chapitre 1   Le charme magique des cristaux 6

Chapitre 2   Mon programme pour avoir la pêche 26

Chapitre 3   Mon programme pour être zen
et en confiance 34

Chapitre 4   Mon programme pour être épanouie
et en harmonie 48

Chapitre 5   Je me reconnecte au féminin sacré en moi 61

Chapitre 6   Mon petit livre de sorcière 83

Carnet d'adresses et bibliographie 92

Introduction

Ce sont les grigris must have ! Beaux, en déco ou comme bijoux, et utiles, les cristaux sont devenus nos doudous feel good. La nouveauté ? Ils ne sont plus réservés aux thérapies alternatives. Que vous soyez cartésienne ou déjà convaincue, les pierres vont vous être littéralement précieuses ! Car si vous ne croyez pas en leurs vertus énergétiques, elles pourront toujours servir de support pour des techniques plus concrètes comme la méditation et la psychologie positive. Et peut-être, petit à petit, en constatant leurs effets, vous laisserez-vous séduire par leur magie ! Si vous avez ce cahier entre les mains, cela ne peut être une coïncidence…

Avec la lithothérapie, vous pouvez soulager tous vos petits soucis : maux du quotidien, émotions perturbatrices, coups de mou, pensées négatives, c'est-à-dire prendre soin de vous et vous détendre, parmi tant d'autres bénéfices. Grâce à ce cahier, vous allez apprendre comment les pierres fonctionnent, comment les choisir, comment les utiliser ou encore les nettoyer. Vous pourrez profiter de leurs superpouvoirs pour être zen, pour retrouver le top de votre forme, pour avoir confiance, vous ouvrir à l'amour… bref, pour être parfaitement bien dans votre vie ! Comment ? Avec de petits rituels utilisant les cristaux, mais aussi une nutrition et toute une hygiène de vie adaptées. Car tout est lié !

Les cristaux ne sont pas une médecine, leur efficacité n'est pas prouvée scientifiquement. Pour les troubles de santé récurrents et importants, veillez à consulter un médecin.

Vous avez déjà les yeux qui brillent ? Vous n'avez encore rien vu ! Laissez-vous emporter par la magie des pierres !

Test : Quelle magie les cristaux vont-ils donner à votre vie ?

Les cristaux, c'est beau et c'est magique ! Ils répondent à nos besoins, qu'il s'agisse de petits bobos, d'émotions fortes à calmer ou d'ouverture d'esprit à acquérir. Avant de pousser les portes de ce nouveau monde mystérieux, découvrez quelle magie les pierres peuvent apporter à votre vie.

1. Au quotidien, vous avez tendance à vous plaindre de :
- Douleurs, raideurs, maux divers (4 points)
- Colère, tristesse, émotions fortes (2 points)
- Manque de concentration ou de fatigue intellectuelle (0 point)

2. Pour vous, le sport, c'est :
- Bof. Vous préférez méditer ou faire du yoga (0 point)
- Utile pour vous défouler (2 points)
- Une corvée (4 points)

3. Vos plus grosses dépenses en termes de santé :
- Les médicaments (4 points)
- Les complexes pour équilibrer vos émotions (2 points)
- Les vitamines et compléments en prévention (0 point)

4. Le week-end, pour vous, c'est :
- Repos car vous êtes épuisée de votre semaine (4 points)
- Lecture, télévision, musique, tout ce qui vous occupe l'esprit (2 points)
- Relaxation et introspection (0 point)

5. Des vacances parfaites pour vous :
- Une retraite dans un centre en Inde ou en Indonésie (0 point)
- Une grande capitale pour découvrir plein de belles choses (2 points)
- De la plage et du soleil pour vous reposer (4 points)

6. Les couleurs qui vous attirent le plus :
- Le rouge et les tons chauds (4 points)
- Le vert ou le jaune (2 points)
- Le violet ou le blanc (0 point)

Vous avez plus de 18 points : *Les cristaux vont soigner vos petits bobos et vos baisses d'énergie.*

Votre besoin principal en ce moment : régénérer votre corps et retrouver de l'énergie physique ! C'est clair, vous êtes à plat. Vous avez certainement un rythme de vie qui ne vous permet pas de faire beaucoup de sport ou de ralentir assez souvent. Peut-être avez-vous subi dernièrement des petits soucis de santé, des insomnies ou des maux de ventre dont vous n'arrivez pas à vous débarrasser et dont vous ne cernez pas l'origine. Pire : avec votre vie à 100 km/h, comment dégager du temps pour vous occuper de ces petits problèmes ? Comment prendre soin de vous ?

Avec leurs vertus psychologiques autant que magiques (pour celles qui y croient), les minéraux, alliés à une alimentation saine et revitalisante, accompagneront la guérison de vos maux du quotidien. L'occasion de prendre plus de temps pour vous !

Vous avez entre 10 et 17 points : *Les cristaux vont vous déstresser et calmer vos émotions.*

Vous avez les émotions à fleur de peau et cela n'est pas simple à gérer tous les jours. Vous faites peut-être partie des hypersensibles ou bien vous traversez une période difficile. Qu'il s'agisse de la colère, de la tristesse ou encore de la peur, ces états émotionnels vous mettent KO et vous aimeriez les vivre mieux. Les propriétés des cristaux couplées aux techniques comme la méditation, le yoga ou la phytothérapie apaiseront votre cœur en douceur et vous retrouverez la paix et l'harmonie.

Vous avez moins de 9 points : *Les cristaux vont vous aider à avancer dans la vie.*

Adepte de développement personnel ou de techniques de pleine conscience comme le yoga ou la méditation, vous essayez de prendre soin de vous sur les plans physique, psychologique, voire spirituel. Parmi les rituels que vous avez installés dans votre vie, les cristaux pourront servir de support pour accompagner vos méditations, et ils vous permettront d'accéder plus facilement à votre créativité, de vous connecter à votre intuition ou à votre féminité.

TEST : QUELLE MAGIE LES CRISTAUX VONT-ILS DONNER À VOTRE VIE ?

Chapitre 1

Le charme magique des cristaux

Les cristaux sont de plus en plus tendance et il n'est plus nécessaire d'être « bizarre » ou spécialiste pour les utiliser au quotidien. Vous avez sûrement une amie ou une collègue qui se promène avec sa pierre favorite dans son sac et qui vous intrigue beaucoup, mais également des copines cartésiennes qui ne croient que ce qu'elles voient ? Alors, comment savoir si cela fonctionne ?

Bientôt les cristaux ne seront plus pour vous de simples pierres, mais de vrais trésors ! Vous pourrez alors comprendre le fonctionnement de la lithothérapie, utiliser les pierres, les nettoyer et en prendre soin afin qu'elles vous apportent un maximum de bienfaits !

Les cristaux ne sont plus réservés aux célébrités décalées. Tout Hollywood se les arrache ! Notamment la grande Adele, Katy Perry, Victoria Beckham ou encore Miranda Kerr. Alors, pourquoi pas vous ?

La lithothérapie, comment ça marche ?

Pourquoi s'intéresser à la lithothérapie ?

La science n'a pas prouvé l'action des cristaux. Cependant, de très nombreuses personnes témoignent de leurs effets. Alors, qu'en penser ? Nous ne croyons souvent que ce que nous voyons (ou percevons à travers nos cinq sens). Mais notre univers est vaste et mystérieux, de nombreux phénomènes restent inexpliqués. Les cristaux font partie de ces phénomènes. Pourquoi se priver de quelque chose qui peut nous faire du bien, même si l'on reste sceptique ? Après tout, la lithothérapie s'utilise très simplement et elle n'est pas dangereuse tant qu'elle ne se substitue pas à la médecine.

Les courants en lithothérapie

Il existe aujourd'hui plusieurs courants d'interprétation quant au fonctionnement des pierres. D'un côté, certains voient les pierres comme un support psychique pour des techniques de bien-être et de développement personnel. De l'autre, certains croient à l'aura vibratoire des pierres, c'est-à-dire à une vibration énergétique invisible. D'autres encore pensent que les minéraux de la pierre seraient absorbés par notre corps pour agir sur lui jusque dans nos cellules… Parmi tout cela, rien n'est prouvé, mais nous pouvons intégrer les traditions millénaires qui attribuent des vertus aux pierres et les utilisent depuis très longtemps. Il y a au moins un domaine qui satisfera celles qui ne croient que ce qu'elles voient : l'utilisation des cristaux en psychologie et en méditation ; rien de bizarre là-dedans, le cristal est juste un support de concentration ou d'ancrage !

Nous choisissons ici d'exploiter l'utilisation psychique et la théorie énergétique, car ce sont les explorations les plus courantes. La lithothérapie étant un vaste sujet dont les lois n'ont pas de preuve scientifique, ces aspects sont les plus évidents à concevoir pour nos cerveaux de cartésiennes.

La « vibration » des pierres

En mode énergie !

Dans les cultures indienne, bouddhiste ou encore amérindienne, tous les peuples croient fermement en l'existence de l'énergie et lui confèrent une grande importance. Il s'agit d'une énergie de vie, primaire. Elle circule et donne vie au corps comme à l'univers entier. C'est sur elle que travaillent les thérapies énergétiques telles que l'ayurveda, le qi gong ou encore l'acupuncture dans la médecine chinoise. Peu de scientifiques se sont penchés sur sa nature, et à l'heure actuelle, certains laboratoires privés entament tout doucement les recherches afin de prouver qu'elle existe et impacte notre organisme de façon significative.

Les différents plans

Dans la tradition indienne et dans le yoga notamment, on conçoit également que nous sommes formés de plusieurs enveloppes, dont certaines seraient invisibles. Ces couches se situeraient sur d'autres plans, imperceptibles pour nos sens. Il existerait notamment le corps éthérique, une fine couche d'énergie condensée autour de notre enveloppe physique, puis le corps astral juste autour, représentant notre connexion directe avec les plans supérieurs. Ces deux enveloppes énergétiques, invisibles, sont les plus proches de notre corps et les plus faciles à influencer pour agir sur notre état de santé et notre équilibre psycho-émotionnel. C'est sur ces plans qu'agiraient les cristaux.

Alors, comment fonctionnent les cristaux sur nous ?

Les cristaux impacteraient le plan éthérique et le plan astral à l'aide de leur propre énergie vibratoire lorsqu'ils se trouvent en contact avec nous.

Chaque pierre possède ainsi ses propres vibrations, tel un code génétique, qui une fois en contact avec notre corps, corrigeraient les déséquilibres potentiels. Des informations subtiles navigueraient alors de la pierre à nous, mais également de nous vers la pierre, dans un échange harmonieux et bénéfique à notre bien-être. C'est sur ce principe qu'une pierre peut nous « charger » en ondes positives et stimuler notre corps physique, mais également nous « nettoyer » d'émotions ou d'énergies subtiles dont nous n'avons plus besoin.

L'action des pierres sur notre psychisme

Les cristaux peuvent également s'avérer très efficaces si vous êtes davantage cartésienne. La clé ? La psychologie ! La science a su démontrer ces dernières années l'impact des couleurs sur notre système intellectuel et émotionnel. Vous ne vous habillez pas de la même façon si vous êtes joyeuse ou si vous êtes triste. De plus, de nombreuses personnes ont également affirmé qu'elles se sentaient beaucoup plus en confiance et à l'aise avant un entretien lorsqu'elles portaient sur elles leur grigri ou porte-bonheur. Alors, pourquoi pas ne considérer les cristaux comme vos doudous magiques ?

La puissance de l'intention

En lithothérapie, lorsque l'on s'intéresse à sa dimension psychologique, tout est dans l'intention. Lorsque nous décidons de nous procurer une pierre, nous posons une intention, un objectif précis, et émettons des pensées positives, des souhaits et des croyances. Le cristal constitue alors un support, un ancrage à cette intention. En quelque sorte un effet placebo, et on assume, parce que c'est vraiment magique pour booster son bien-être !

L'ancrage

L'ancrage est une technique de PNL (programmation neurolinguistique), qui consiste à associer un geste, un mot, ou en l'occurrence un objet à une émotion. Ainsi, en utilisant un cristal dans un but précis, vous intégrez cet objectif dans le cristal, vous l'associez à ce dernier. Comme un talisman, le cristal vous reconnectera alors à votre intention dès que vous le verrez ou le toucherez. Or les neurosciences ont prouvé que les habitudes, des petites choses répétées chaque jour, modifiaient les circuits neuronaux et influençaient nos pensées et nos comportements, aussi bien négativement que positivement. En utilisant le cristal régulièrement, nous pouvons influencer concrètement notre vie dans le sens que nous souhaitons !

La chromothérapie

Dans l'inconscient collectif, certaines couleurs sont associées à certains éléments et certaines émotions. Ainsi, à cause de ces associations, nous donnons aux pierres le pouvoir de leur couleur, ce qui influence leur effet. Par exemple, le rouge a des propriétés énergisantes, il correspond à l'intensité et à la passion. Le jaune correspond à la joie et à l'affirmation de soi. Le bleu au calme et à l'inspiration. Le violet à la magie et à la spiritualité… Vous pouvez donc vous fier aux couleurs des pierres pour identifier leurs propriétés. Nul besoin d'apprendre par cœur les couleurs et leurs bénéfices, c'est assez instinctif !

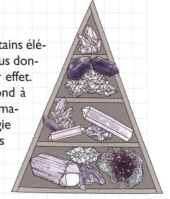

La symbolique des couleurs
- Violet : magie, mystère et spiritualité
- Orange : enthousiasme, prévenance et désirs
- Vert : nature, fertilité et guérison
- Rouge : action, confiance et ancrage
- Rose : amour-propre, amour et accomplissement
- Jaune : joie, créativité, bonheur et guérison
- Bleu : vérité, spiritualité et inspiration
- Marron : stabilité, ancrage et plénitude
- Indigo : clarté, intuition et compréhension
- Noir : protection, self-control et résilience
- Doré : abondance, succès et prospérité
- Blanc : Pureté, bonté et intégrité

La psychologie des formes

La forme et l'apparence influent également sur l'effet de la pierre. Un cristal en forme de cœur vous apportera un apaisement, une pierre montée sur un bijou vous procurera un sentiment de beauté et de fierté, tandis qu'une grosse sphère vous offrira le sentiment d'une grande puissance. La façon dont est taillée la pierre influe également sur son action, les pointes permettant de diriger son énergie, par exemple.

La méditation

Pour utiliser vos pierres, vous serez souvent amenée à méditer avec. Soit en visualisant des images, des « énergies », soit en regardant les pierres elles-mêmes. La méditation permet de calmer votre esprit, de dissiper les pensées qui viennent l'embrouiller et d'accéder à l'harmonie. De plus, la méditation offre un espace et un temps dédiés au ressourcement, ce qui ne peut qu'amplifier les effets des cristaux sur vous. Méditer avec vos pierres vous sera donc pleinement bénéfique !

5 bonnes raisons d'utiliser les cristaux

Raison n° 1 : c'est une médecine douce adaptée à toutes

Nul besoin de s'y connaître en thérapies alternatives ou en médecine pour les utiliser. Connaître et comprendre les pierres est un jeu d'enfant ! Encore mieux : nul besoin d'adhérer à un courant, chacune peut se servir des cristaux selon son feeling. Dans tous les cas, ils seront bénéfiques, aussi bien comme supports de méditation que comme doudous pour ancrer vos intentions. Ce cahier va vous apprendre à bien les utiliser pour en tirer un maximum de bénéfices.

Raison n° 2 : ça marche pour tout !

Qu'il s'agisse de douleur physique, de fatigue, de choc émotionnel, d'épuisement intellectuel ou encore de développement personnel, les pierres répondent à tous nos besoins. Il existe des pierres pour tout. Le must : elles agissent sur tous les plans (physique, mental, spirituel), si bien qu'elles nous accompagnent de façon globale. Si vos maux de ventre ont pour cause un mal-être par exemple, elles auront deux actions pour le prix d'une !

Raison n° 3 : même les cartésiennes peuvent les utiliser

Choisir une pierre fonctionne sur le même modèle que la puissance de l'intention ainsi que la psychologie positive. Le simple fait d'effectuer un choix imprime et ancre une volonté en vous. En résumé : les cristaux sont une technique psychologique efficace !

Raison n° 4 : c'est beau à regarder

Brillante, lumineuse, colorée, nacrée, translucide… Même si votre pierre n'arrive pas à vous convaincre de son efficacité tout de suite, elle est une merveille à elle seule. En bijou ou en objet déco, elle sera votre petit trésor en plus d'être utile !

Raison n° 5 : ce sont de vrais doudous pour grandes filles !

On adore pouvoir se rassurer avec ces beautés, toujours dans notre sac, à portée de main lorsque l'on en ressent le besoin. Elles nous rassurent et nous protègent !

Les 10 commandements de la cristal thérapie

1. **Qui ne tente rien n'a rien** : vous n'avez pas de preuve scientifique mais des milliers de témoignages à travers le monde, alors pourquoi ne pas essayer ?

2. **Une pierre n'est pas un grigri que l'on oublie** : il est important de prendre en compte l'engagement et l'intention à l'égard d'une pierre que l'on se procure : nettoyage, soin et rangement.

3. **La lithothérapie ne se substitue pas à la médecine** : même si une pierre peut apaiser vos maux physiques, cela ne signifie pas qu'il faut rejeter la médecine allopathique et ses connaissances.

4. **Un cristal est une pièce du puzzle** : combiné à une alimentation saine, des méthodes dédiées au bien-être et au développement personnel, il sera d'autant plus efficace !

5. **Nul besoin d'être experte pour se lancer** : il n'est pas nécessaire de connaître toutes les pierres et leurs propriétés pour s'essayer aux cristaux, il suffit d'un regard curieux et de se laisser guider par son instinct. On peut commencer progressivement, avec quelques pierres, avant d'agrandir sa collection et ses techniques.

6. **Le choix d'une pierre est primordial** : la qualité et la taille sont des facteurs qu'il ne faut pas négliger lorsque vous décidez d'investir. Ce que vous ressentez intuitivement lors d'un achat est important également : si vous vous sentez attirée par une pierre ou si, au contraire, son aspect ou l'environnement vous mettent mal à l'aise.

7. **Le soin des cristaux au quotidien est essentiel** : nettoyer et purifier vos cristaux sera impératif si vous souhaitez maximiser leurs bénéfices dans votre vie. En effet, lorsqu'ils sont utilisés, ils capturent les énergies, notamment les énergies négatives. Il sera donc nécessaire de les purifier, puis de les recharger naturellement en énergies positives avant la prochaine utilisation.

8. **Il est important de garder un esprit curieux et ouvert** : conserver son âme d'enfant et sa capacité à s'émerveiller est la clé de l'évolution afin de découvrir la puissance et la magie des cristaux.

9. **La pierre est votre meilleure amie pour votre épanouissement personnel** : au fil du temps vos choix évoluent, vous découvrez de nouvelles facettes de vous-même et les cristaux vous accompagnent dans chacun de vos changements. Vous pourriez avoir besoin d'ancrage les premiers mois, puis de développer votre créativité. Rien n'est figé !

10. **Chacun suit son propre chemin** : il est important de ne pas imposer de point de vue et éviter de convaincre ses amies des effets que peuvent avoir les cristaux sur vous. Chaque personne est différente et va appréhender la lithothérapie d'une façon toute personnelle.

À la découverte des chakras

Impossible de parler des cristaux et de lithothérapie sans aborder les chakras. Les cristaux agissent sur des plans énergétiques invisibles, remember ? Dans la tradition indienne, les chakras sont de gros interrupteurs reliant tous les plans. Ainsi, les pierres sont souvent citées pour leurs affinités avec certains de ces centres énergétiques. Il est important que vous compreniez leurs rôles et impacts afin de pouvoir devenir autonome et faire vos propres choix en fonction de vos besoins.

Les chakras, quèsaco ?

Nous possédons 7 chakras principaux situés du plancher pelvien au sommet du crâne, ainsi que des milliers de chakras secondaires sur tout le corps, reliés entre eux par des milliers de circuits appelés des « nadis ». En cas de perturbation ou de dérèglement énergétique, cela peut entraîner des troubles physiques et psychologiques. À l'inverse, des émotions intenses prolongées et maladies peuvent également les dérégler, cela fonctionne dans les deux sens ! Les pierres agissent sur ces échanges énergétiques et permettent de rendre la circulation harmonieuse, un peu comme l'acupuncteur avec ses aiguilles.

Les chakras et les cristaux, comment ça fonctionne ?

Les cristaux correspondent à des chakras, que l'on peut reconnaître à leur couleur. La couleur des cristaux est traditionnellement liée à celle des chakras, c'est pour cela qu'une pierre verte ou rose sera adéquate pour travailler sur le 4e chakra, le chakra du cœur par exemple. Il est également bénéfique de placer la pierre près du chakra concerné pour amplifier son efficacité : des pierres bleues au niveau de la gorge et des pierres noires dans les poches au niveau des hanches !

Lorsque vous vous rendez dans une boutique de cristaux, le vendeur vous parlera certainement de vos chakras, et s'il a des compétences en énergétique, il vous indiquera si l'un de vos chakras a davantage besoin d'être rééquilibré.

Help, j'ai un déséquilibre !

Chaque chakra principal possède un rôle spécifique et influence différentes parties de notre corps, nos pensées et nos émotions. Il est intéressant de comprendre ce que cela implique si l'un d'eux ou plusieurs se trouvent déséquilibrés (ce qui est très souvent le cas pour la plupart d'entre nous) afin de pouvoir sélectionner le cristal approprié.

Chakra	Couleur des cristaux	Rôle	Chakra équilibré	Chakra déséquilibré
1er chakra	Rouge, mais aussi noir et marron	Sécurité	Sentiment de confort et de sécurité, capacité à réaliser des projets, sentiment de stabilité du foyer	Peurs, manque d'ancrage dans la réalité, sentiment d'insécurité physique et mentale
2e chakra	Orange, mais aussi rouge-orangé	Ego, volonté	Sensualité développée, sexualité épanouie, libre créativité	Inhibition des émotions, culpabilité régulière, boulimie
3e chakra	Jaune, mais aussi jaune-orangé	Personnalité	Confiance intérieure, personnalité assumée, ego sain, limites posées	Orgueil, colère, difficulté à dire non, sentiment de honte
4e chakra	Vert, mais aussi rose	Acceptation	Compassion, amour de soi et des autres, respect	Haine de soi, manque d'affection, chagrin, difficulté à donner/recevoir de l'amour, sensibilité excessive
5e chakra	Bleu ciel	Communication	Expression de ses pensées, créativité intellectuelle, valeurs établies, positivité, écoute, communication facile	Difficulté à communiquer, inhibition des pensées, manque de cohérence dans ses propos, négativité
6e chakra	Bleu foncé, bleu violacé	Vision	Intuition développée, méditation facilitée, clarté de la pensée, confiance dans la vie	Manque de vision et de projets pour soi, doutes récurrents, illusions
7e chakra	Violet, mais aussi blanc, argenté, transparent	Universalité	Intuition très développée, connexion aux plans subtils, intérêt pour la spiritualité	Séparation des notions spirituelles, scepticisme, fermeture mentale

C'est grave, docteur ?

Lorsque vous identifiez un déséquilibre dans votre système énergétique grâce au tableau ci-dessus, vous savez dans un premier temps quels sont vos besoins et objectifs principaux. Vous pourrez vous procurer des pierres correspondant aux chakras concernés et ainsi devenir plus autonome dans vos choix. Inutile donc de connaître toutes les vertus des cristaux si vous savez déjà quelles couleurs et catégories vous concernent le plus !

Comment choisir sa pierre ?

Un cristal n'est pas un objet banal. Il est important de le choisir de bonne qualité, d'une provenance éthique et d'une taille adaptée à vos besoins. Il est utile également de connaître ses différentes formes, mais également son entretien. Une pierre est un petit trésor dont il faut s'occuper avec amour si vous voulez maximiser ses bénéfices au fil du temps et de ses utilisations.

La qualité et l'éthique

La pierre porte en elle une empreinte énergétique remontant à des millénaires. Portée et créée par la Terre, elle contient une mémoire cellulaire vieille de milliers d'années, ce qui renforce sa puissance. Vous comprenez donc pourquoi il est important de choisir une pierre en fonction de sa provenance et de son mode d'extraction. Un cristal trouvé dans une mine exploitée dans le respect des droits de l'homme n'aura pas la même empreinte énergétique qu'une pierre récupérée dans une mine d'exploitation à grande échelle, complètement mécanisée et déshumanisée. Évidemment, nous ne pouvons jamais être sûr à 100 % de sa provenance, mais il est toujours bon de se renseigner et de se fier à son instinct.

Le poids et la taille

L'efficacité d'une pierre est bien sûr proportionnelle à sa taille, son poids et sa qualité. Vous n'aurez jamais les mêmes effets avec une petite pierre jetée dans un coin de votre sac et une grosse pierre que vous utilisez chez vous. Plus une pierre est petite et plus elle se « charge » rapidement en énergies. Vous devrez donc la nettoyer beaucoup plus souvent, contrairement à une pierre de 500 grammes que vous prenez sur vos genoux, par exemple, qui sera bien plus puissante et efficace sur une durée plus importante.

Et le prix ?

Toutes les pierres ne sont pas rares (et donc chères). L'idée est de trouver le juste milieu entre une pierre très bon marché – ce qui paraît douteux – et un cristal au prix aberrant qui ne semble pas justifié. Vous saurez faire la différence au fil de vos expériences et en comparant ce que vous pouvez trouver dans les différentes boutiques autour de vous. L'améthyste par exemple est très courante et n'est pas très chère, les quartz sont également souvent abordables, contrairement à un rubis ou une topaze qui sont des pierres précieuses.

C'est quoi, toutes ces formes bizarres ?

Les cristaux n'ont pas tous les mêmes formes en fonction de leur origine et de la façon dont ils ont été traités après extraction. Certains seront plutôt utilisés taillés et d'autres seront plus puissants dans leur apparence brute. Chacune des formes est intéressante, il n'en existe pas de meilleure, chacune pouvant être belle et efficace à sa manière. Une pierre roulée vous permettra de la porter près de vous, une pierre taillée de renvoyer l'énergie, sous un lit par exemple, et une géode diffusera ses vibrations dans toute une pièce. À vous de choisir ce qui vous convient le mieux en fonction de votre utilisation quotidienne.

L'échantillon minéralogique

Il s'agit des cristaux ou groupes de minéraux encore pris dans leur matrice, leur roche de base, la forme dans laquelle elle a été trouvée. C'est souvent ce que vous aviez lorsque vous étiez enfant si vous collectionniez les pierres de musée. Elles ne sont pas les plus jolies mais certaines pierres précieuses et rares ne se trouvent que sous cette forme brute. Certaines sont trop fragiles pour être extraites de la roche. D'autres sont vendues telles quelles pour les puristes préférant leur forme originelle, non façonnée par l'homme. La puissance serait plus importante qu'une pierre roulée et modifiée par des processus de transformation.

L'agrégat de cristal ou géode

Il s'agit de plusieurs petits cristaux partageant une base commune. Cette forme permet d'augmenter la puissance et le champ d'action des cristaux. De plus, leur forme brute favorise l'énergie originelle, tout comme pour les échantillons minéralogiques. Les agrégats de quartz blanc et d'améthyste sont assez répandus et connus pour leurs propriétés purifiantes dans une pièce. Vous pouvez également poser vos pierres plus petites dessus pour les recharger pendant la journée ou le soir. C'est pratique !

Le cristal isolé

Il est reconnaissable par sa forme géométrique, avec des faces plates, ou des angles et extrémités à facettes. La base est en général rugueuse et peu esthétique car il s'agit de la zone par laquelle la pierre a été détachée. Cette forme est intéressante car elle n'a pas été façonnée par la main humaine, tout comme les échantillons et les agrégats. Il sera esthétiquement plus joli et concentré car sa taille peut être plus importante tout en conservant sa nature brute.

La pierre roulée

Elle ressemble à un galet. Il s'agit de la forme la plus commune, roulée par le sable de façon naturelle ou mécaniquement, par l'homme. Elle serait moins puissante que ses formes brutes de par son polissage, mais est tout de même très intéressante pour débuter en lithothérapie. Sous cette forme

15

sont créés des bijoux que vous pouvez porter sur vous en permanence. Ce format permet également de les porter dans son sac à main sans abîmer son contenu. Esthétiquement, les pierres roulées peuvent vous plaire davantage par leurs lignes plus harmonieuses et sobres.

La pierre taillée

En pointe, biseautée ou dans une forme particulière, elle permet d'être utilisée à des fins précises comme dans les soins énergétiques pratiqués par les thérapeutes spécialisés ou encore d'être montée sur un bijou dans sa forme la plus petite. La pointe du cristal aura son importance car l'énergie sera dirigée dans cette direction, comme un faisceau. Elle peut être intéressante placée sous votre lit, par exemple, la pointe vers le haut, afin de diriger son énergie vers la tête.

Comment je les choisis ?

Sans but précis, en suivant votre intuition

La meilleure façon de choisir une pierre est de suivre son intuition. Souvent, lorsque vous prenez sans réfléchir un cristal dans une boutique et que vous lisez ensuite sa description, vous vous apercevez qu'elle vous convient parfaitement, bluffant ! Si sa couleur, sa forme ou ce qu'elle émet a attiré votre attention, ce n'est pas par hasard. Plus vous apprendrez à vous fier à vos sens subtils et plus vous pourrez être surprise par les coïncidences.

Pour un but précis, en suivant des conseils

Vous pouvez également choisir vos pierres dans un but précis, selon leurs propriétés décrites dans des livres ou en boutique, dans une démarche plus intellectuelle, pour répondre à une problématique. Connaître les chakras et leurs dysfonctionnements pourra également vous aiguiller. Enfin, il est aussi possible de demander conseil à des spécialistes en lithothérapie ou thérapeutes formés aux techniques énergétiques. Ces derniers vous conseilleront en fonction de leurs ressentis, lesquels s'avèrent souvent très justes.

Où trouver mes pierres ?

Avant d'acheter une pierre, votre plus fidèle alliée sera votre intuition. Si le lieu ne vous semble pas accueillant, que les cristaux sont posés dans un coin peu lumineux ou poussiéreux et que les vendeurs ne sont pas capables de répondre à vos questions, peut-être que vous n'êtes pas au bon endroit. Les pierres sont de plus en plus tendance ces dernières années, toutes les boutiques ne sont pas sérieuses, il est donc primordial de vous fier à votre instinct.

Les boutiques spécialisées

Elles sont encore peu nombreuses en France. Quelques-unes ont ouvert à Paris et dans les grandes villes, il est néanmoins difficile de trouver la perle rare lorsque l'on débute. N'hésitez pas à discuter avec les vendeurs et à enquêter sur la qualité et la provenance des pierres vendues en magasin pour savoir si la boutique est sérieuse. Vous pouvez également demander parmi votre entourage et consulter les avis sur Internet s'il y en a.

Les salons spécialisés

Ils fleurissent de plus en plus dans la capitale et les villes de province. Sélectionnés pour leur sérieux, les commerces sont en général de confiance. Il vous sera alors nécessaire de comparer vos ressentis, l'aspect des pierres, le discours des vendeurs ainsi que les prix afin de savoir ce qui vous convient le mieux.

Sur Internet

Si vous connaissez déjà une boutique et les pierres que vous souhaitez, il est également possible de se les procurer en ligne. Attention néanmoins si vous n'avez jamais acheté chez un vendeur, il n'est pas conseillé de faire le premier pas sur Internet afin d'éviter les mauvaises surprises.

Dans les librairies ésotériques

Souvent vous trouverez des cristaux dans les librairies spécialisées mais la qualité des produits et les conseils prodigués ne sont pas toujours bons. Si vous n'avez pas le choix, cela peut être une première porte d'entrée afin de vous familiariser avec les pierres et vos ressentis. Encore une fois, écoutez vos ressentis et laissez-vous le temps de trouver la perle rare.

Comment je les nettoie et pourquoi ?

Les pierres émettent des vibrations énergétiques qui résonnent avec les vôtres. Il est donc primordial de les nettoyer après un premier achat, après les avoir utilisées ou portées, en fonction de la charge émotionnelle qu'elles ont reçue et de leur usage quotidien. Il existe différentes écoles concernant la purification des pierres, allant de méthodes très simples à des techniques plus spécifiques, empruntées à diverses traditions. Faites ce qui semble le plus juste pour vous, optez pour les techniques avec lesquelles vous avez le plus d'affinités.

Test : À quelle fréquence nettoyer mes pierres ?

1. Vous portez vos pierres sur vous :
- Souvent (4 points)
- Parfois (2 points)
- Jamais (0 point)

2. Vous prêtez vos pierres aux copines :
- Jamais, ce sont mes bébés ! (0 point)
- Quand je sens qu'elles en ont besoin (2 points)
- Je les prête volontiers de temps en temps (4 points)

3. Vous utilisez vos pierres :
- La nuit sous l'oreiller (4 points)
- Quand vous en ressentez le besoin ponctuellement (0 point)
- Quand vous méditez, faites du yoga et travaillez (2 points)

4. En ce moment, émotionnellement, vous vous sentez :
- Épuisée (2 points)
- Parfois triste ou en colère (4 points)
- Plutôt bien (0 point)

Les résultats

Vous avez entre 0 et 5 points : vous prenez soin de vos pierres et ne leur demandez pas trop de travail en ce moment. Il n'est pas nécessaire de les nettoyer très souvent, quelques fois dans l'année ou après une activité intense, par exemple.

Vous avez entre 6 et 11 points : il peut être envisageable de nettoyer vos trésors assez régulièrement après des utilisations prolongées ou si vous les portez continuellement sur vous. De façon générale, effectuez un nettoyage une fois par mois minimum.

Vous avez entre 12 et 16 points : vous travaillez beaucoup avec vos cristaux en ce moment et vous êtes pratiquement insé-parables. N'oubliez pas de les nettoyer toutes les semaines, après chaque utilisation intense, comme une méditation, ou encore lorsque vous les portez sur vous toute la journée, afin de maximiser leur efficacité.

C'est parti pour la baignade !

La méthode la plus utilisée pour nettoyer une pierre est de l'immerger complètement dans de l'eau quelques heures, voire toute une nuit. Certains ajoutent du sel pour ses propriétés purifiantes, mais restez vigilante, car certaines pierres le supportent mal. L'idéal est de la laisser quelques minutes dans un torrent ou sur les bords d'un lac, mais si vous habitez en ville, l'eau du robinet conviendra tout à fait. Privilégiez un contenant en céramique ou en terre cuite plutôt que de l'aluminium qui risque-rait de ne pas convenir à la composition de la pierre. Si vous n'en avez pas, du plastique sera acceptable. Avant de la trem-per dans le récipient, rincez-la à l'eau froide et faites de même après la purification, puis séchez-la avec un torchon propre. L'eau permet de nettoyer les énergies absorbées par la pierre et ainsi de lui redonner plus de puissance.

Préférez le nettoyage à l'encens pour les cristaux de sélénite, calcite, fluorite, labradorite, opale et malachite, car l'eau et le sel les abîment.

Vive la fumée sacrée !

La purification avec la fumée est plus douce et il peut être inté-ressant de tester les deux méthodes pour voir ce qui vous convient le mieux. La technique la plus utilisée est celle de l'en-cens brûlé sur un palet de charbon à l'aide d'un encensoir. Choisissez le benjoin ou l'oliban pour leurs propriétés puri-fiantes, ce sont les plus usités par les bioénergéticiens et les religieux depuis des centaines d'années. Placez vos pierres dans une petite passoire ou dans vos mains et passez-les à travers la fumée pendant quelques minutes. Vous pouvez également utiliser de la sauge blanche : ses feuilles sont tra-ditionnellement brûlées lors de cérémonies chamaniques ou druidiques. Cela marche aussi avec du palo santo, un bois sacré provenant d'Amazonie dont se servent les guérisseurs mayas et incas ainsi que les chamans.

Le séchage et le rechargement

Dans la tradition amérindienne, les éléments naturels sont utilisés depuis toujours pour soigner et purifier les hommes et les minéraux. La nature offre un lien direct avec les énergies cosmo-telluriques, ce qui permet de se défaire de ce qui n'a plus lieu d'être et de se remplir d'énergie bienfaisante. Il est donc également possible d'enfouir les cristaux dans la terre pour les décharger, de les déposer près d'un feu, au gré du vent ou encore de les nettoyer à l'eau (voir p. 19). Une fois les pierres nettoyées, le séchage et le rechargement permettront d'amplifier leurs énergies. Cela se fait grâce aux astres, traditionnellement le soleil et la lune. Vous pouvez ainsi recharger vos cristaux en les laissant une heure ou plus face au soleil ou quelques heures sous la lueur d'une pleine lune (attention au froid en hiver qui pourrait abîmer les pierres les plus fragiles).

Où est-ce que je range mes pierres ?

Gare à l'électronique !

Les pierres sont extrêmement sensibles aux vibrations et fréquences émises par nos appareils électroniques. Évitez donc de les déposer près de la box ou de votre ordinateur. Même chose pour le téléphone dans le sac à main, même s'il est impossible de les éloigner complètement : compartimentez vos poches afin d'éviter au mieux les contacts. Plus simple encore, il existe une pierre capable d'absorber les ondes électromagnétiques : la shungite. Vous pouvez en coller une plaque directement sur votre téléphone ou déposer une pyramide à côté de vos appareils électroniques chez vous.

Je les place en sécurité

Évitez les accidents en cachant les petites pierres que les enfants pourraient avaler. Veillez également à ne pas mettre vos cristaux sur le rebord d'une table susceptible d'être renversée et à les mettre hors de griffe de votre chat. Il s'agit de les traiter comme de vrais trésors et de veiller à les protéger.

Je les dispose de façon stratégique

Les cristaux sont des éléments de décoration très esthétiques pouvant apporter de la magie dans votre intérieur. Amusez-vous à créer des espaces en fonction des différentes couleurs, par exemple : placez des cristaux blancs, violets et bleus dans votre chambre pour une ambiance calme. Vous pouvez les placer dans des petites vitrines ou encore en harmonie avec vos autres objets décoratifs. Vous pouvez également créer un petit autel personnel avec vos cristaux, des éléments naturels, des photos et tout ce qui vous inspire. Laissez votre intuition et votre créativité vous guider !

Comment je les utilise au quotidien ?

Un contact avec la peau est-il nécessaire ?

Il n'est pas nécessaire de mettre la pierre directement sur la peau pour que celle-ci interagisse avec l'organisme. En effet, l'échange d'informations se passe sur des plans plus subtils et cela ne nécessite pas de contact direct, même si cela est possible. Une petite pierre de 2 à 4 cm, au rayonnement étroit, devra être portée sur vous tout au long de la journée, puis nettoyée. Un cristal de taille plus importante, de plusieurs centimètres de diamètre, au rayon d'action amplifié, aura une action vibratoire sur toute une pièce, par exemple.

Est-il possible d'utiliser plusieurs cristaux en même temps ?

Vous pouvez tout à fait combiner plusieurs pierres. Néanmoins, si vous portez sept bracelets au quotidien, d'une part ces derniers seront chargés très rapidement de votre énergie, d'autre part, des pierres aux propriétés opposées utilisées en même temps n'auront pas grand intérêt. Par exemple, porter un cristal pour vous ancrer et un autre pour développer vos perceptions subtiles est peu judicieux. Il peut être très intéressant toutefois de porter une petite pierre toute la journée, pour se sentir en sécurité par exemple, et d'être au contact d'une autre plus grosse le soir permettant de développer la confiance en soi. Lorsque les pierres agissent sur le même chakra ou concernent des thématiques communes, les combiner s'avère utile.

Que se passe-t-il si un cristal se casse ?

S'il ne s'agit que d'une légère fêlure, ce n'est pas grave, à vous de sentir si l'énergie de la pierre est toujours intacte (pour le savoir, fiez-vous à vos ressentis). Mais si cette dernière se brise en deux ou en mille morceaux, alors son énergie sera altérée. Peut-être que son travail avec vous est terminé et qu'il est temps de s'en séparer. L'idéal est donc de trouver un coin de nature et d'enterrer le cristal, afin de le remettre à la Terre et de le remercier pour ses services rendus.

Comment les porter sur moi ?

Vous pouvez porter vos pierres en bijoux : colliers, bagues, boucles d'oreilles ou encore broches. Rappelez-vous néanmoins que plus un cristal est petit et plus il se charge rapidement. Si vous le portez en permanence, son effet sera diminué si vous ne le nettoyez pas assez souvent. Mais l'aspect esthétique et l'ancrage psychologique qu'il vous apporte sont de très bons arguments pour l'entretenir ! Vous pouvez également garder votre pierre dans votre sac ou votre poche, notamment les pierres noires, qui se chargent très peu et que vous pouvez sortir lorsque vous en ressentez le besoin.

Près de moi à la maison

Chez vous, l'idéal est de choisir la pierre avec laquelle vous souhaitez « travailler » ce jour-là. Cela répond à un besoin précis et ponctuel. Vous pouvez vous installer confortablement sur le canapé et la poser sur votre ventre, par exemple. S'il s'agit d'un cristal pour favoriser la confiance et apaiser une digestion difficile, le ventre sera la zone la plus conseillée. Si vous souhaitez calmer des maux de tête ou clarifier vos pensées, vous pouvez également vous allonger sur votre lit, le cristal posé au sommet de votre crâne. Encore une fois, il n'y a pas de règles, passez du temps avec les cristaux en fonction de vos besoins et intuitions.

Comment placer mes cristaux dans une pièce ?

Les cristaux que vous placez dans une pièce sont des cristaux avec lesquels vous souhaitez faire un travail de fond. Lesquels utiliser ? Dans quelle pièce ? C'est selon l'atmosphère que vous souhaitez créer, suivez vos envies ! Certaines pierres sont apaisantes, réconfortantes, d'autres dynamisantes… En connaissant les propriétés des pierres (voir p. 9 et dans les chapitres suivants), vous êtes en mesure de comprendre instinctivement lesquelles il serait bon de placer dans votre salon ou votre chambre. Faites-vous confiance.

Je crée des groupes de pierres harmonieux

Tentez de créer des groupes de pierres cohérents, de mettre ensemble celles qui ont des vertus apaisantes, celles qui permettent l'ancrage, celles qui redonnent de l'énergie, etc. Rappelez-vous que la taille compte, vous pouvez donc utiliser un très gros cristal ou bien plusieurs de taille moyenne, dont les propriétés seront amplifiées par leur champ d'action démultiplié. Enfin, ne les oubliez pas dans un coin, pensez à en prendre soin et à les nettoyer régulièrement, tout comme celles que vous portez sur vous.

Comment les disposer ?

Vous pouvez choisir de disposer des pierres calmantes dans la chambre et des pierres créatives dans votre bureau. L'idée est de sélectionner les pierres dont les énergies se complètent et qui possèdent des vibrations communes afin d'en amplifier les bénéfices. Vous pouvez les sélectionner par couleurs, chakras ou en fonction de leurs propriétés similaires. Vous pourrez ainsi créer un champ d'action plus puissant qui vous permettra de ressentir davantage les vertus lorsque vous vous trouvez à cet endroit.

Quelques idées d'harmonie de cristaux

- Améthyste (calme) + citrine (joie) + sélénite (clarté) + amazonite (légèreté) + malachite (confiance) = apporter de la paix et de la légèreté

- Quartz fumé (nettoyage) + tourmaline (protection) + œil-de-tigre (discernement) + obsidienne (protection) + shungite (protection électromagnétique) = purifier et protéger mon intérieur

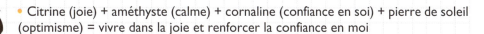

- Citrine (joie) + améthyste (calme) + cornaline (confiance en soi) + pierre de soleil (optimisme) = vivre dans la joie et renforcer la confiance en moi

- Cornaline (confiance en soi) + grenat (sexualité) + pierre de lune (féminité) + quartz rose (amour) = consolider mon couple ou trouver le prince charmant

- Apatite (créativité) + aigue-marine (expression) + amazonite (légèreté) + quartz bleu (communication) = exprimer mes pensées et émotions avec harmonie et respect

- Lapis-lazuli (intuition) + améthyste (calme) + célestite (spiritualité) + apatite (créativité) = développer mon intuition et mes perceptions subtiles

N'hésitez pas à créer vos propres combinaisons !

LE CHARME MAGIQUE DES CRISTAUX

Pendant certaines activités spécifiques

Vous pouvez vous servir des cristaux à différents moments du quotidien. Certaines pierres sont très adaptées pour se recentrer au travail, d'autres pour clarifier son esprit pendant les méditations, certaines encore pour apaiser le stress dans des situations inconfortables. Dans ce cas, vous les placerez près de vous pendant l'activité. Apprendre à choisir une pierre, c'est aussi savoir s'écouter, évoluer et grandir. C'est apprendre à reconnaître ses besoins, à dépasser ses blocages pour les apaiser et pour s'épanouir.

Ma check list des 10 pierres indispensables

Il existe une multitude de pierres, à en faire tourner la tête !
Afin de vous aiguiller dans vos premières acquisitions, voici une liste des pierres les plus courantes, réparties selon les besoins physiques, psychologiques et émotionnels les plus courants. Cela vous permettra de vous familiariser avec ces dernières avant de vous lancer dans une exploration plus profonde de la lithothérapie.

Améthyste : la pierre de guérison

Les gaz volcaniques dans les roches engendrent de magnifiques géodes de cristaux pouvant atteindre des tailles très imposantes. Elle permet d'équilibrer l'organisme dans sa globalité. C'est également une pierre de transmutation, qui aide à faire changer le corps, l'état d'esprit, les situations…

Pierre de lune : la pierre du féminin

Cristal ultime de la féminité et de la fertilité, il soulage les troubles menstruels et stabilise les émotions. Liée à la Lune, cette pierre renforce également l'empathie et l'imagination.

Quartz rose : la pierre de l'amour

Elle offre une guérison du cœur afin d'accéder à l'amour de soi et des autres. Elle répare les blessures affectives et apaise le stress lié aux émotions. Elle apporte douceur et rassure dans les moments de solitude.

Œil-de-tigre : la pierre du discernement

Elle protège des énergies et personnes négatives et élimine les états de pensées congestionnés qui se logent dans le corps physique, telles que les indigestions. Elle bâtit la confiance, apporte clarté et permet de savoir ce qui est bon pour soi.

Quartz blanc : la pierre de clarté

Il porte des énergies positives, recharge les autres cristaux et clarifie les énergies. Il permet d'apporter de la légèreté dans des situations confuses et favorise la clarté spirituelle dans les instants de méditation.

Labradorite : la pierre de l'équilibre

Appelée « pierre du thérapeute », elle permet l'écoute ouverte aux autres sans se laisser submerger par les émotions difficiles. Elle favorise l'acceptation dans les phases de changement et d'adaptation.

Citrine : la pierre de la joie

Pierre de la spontanéité et de la joie de vivre, elle favorise l'acceptation de sa puissance personnelle et aide à s'affranchir du jugement des autres. Elle augmente la confiance en soi et apaise le perfectionnisme.

Obsidienne : la pierre de protection

Bouclier de protection contre les ondes négatives, elle régule également la colère et favorise la médiation dans les conflits. Elle aide à accepter nos parts d'ombre tout autant que nos parts de lumière.

Tourmaline : la pierre d'ancrage

Elle renforce le corps dans sa globalité, notamment le système osseux et sanguin. Très utile pour éloigner toutes les influences négatives, elle permet également d'être mieux ancré dans la réalité et de mieux vivre dans l'instant présent.

Cornaline : la pierre de la confiance

Pierre féminine, elle favorise la confiance en soi et stimule les capacités intellectuelles. Elle harmonise la sexualité et permet de mieux vivre ses désirs. Elle apaise le rapport aux autres femmes.

La pierre qui me correspond !

Vous ne savez pas par où commencer ? Vous voulez juste une pierre qui vous corresponde parfaitement, qui vous protège, qui booste vos qualités et aide à travailler vos défauts ? Un doudou personnalisé ? Dirigez-vous vers votre cristal de naissance (voir p. 85) !

Chapitre 2
Mon programme pour avoir la pêche

Vous êtes épuisée, à tel point que vous êtes à fleur de peau et que vous avez des bobos chroniques ? Vous avez parfois des petits coups de fatigue ou des petits coups de mou ? Vous auriez besoin de booster votre énergie et de la focaliser sur vos priorités du moment ? Bref, vous aimeriez avoir la patate ?

Dans de nombreuses médecines ancestrales, ce que nous appelons énergie est composé de deux concepts : la vitalité, qui est la source de vie, ce qui nous anime tant au niveau physique qu'émotionnel ou encore de nos pensées. Elle est le support de l'autre énergie, celle que nous connaissons mieux, celle du dynamisme. Appelée *Prâna* en Inde, *Chi* en Chine ou encore *Mana* en Polynésie, la vitalité est à l'origine du bon fonctionnement de notre organisme, de son pouvoir d'autoguérison et de son bien-être global.

Lorsque la circulation de cette énergie de vie se retrouve bloquée, notre corps peut alors le manifester sous la forme de douleurs ou encore de maladies. Les barrages énergétiques peuvent provenir d'une alimentation inadaptée, de pensées négatives, d'émotions refoulées... Autant d'éléments à prendre en compte lorsque l'on souhaite améliorer son bien-être et son épanouissement personnel.

Si l'énergie n'est pas suffisante ou ne circule pas correctement, c'est toute notre santé qui s'en trouve impactée. Dans de nombreuses médecines alternatives comme l'acupuncture, la naturopathie ou encore l'ayurveda, il est impossible d'envisager une guérison des maux sans une vitalité suffisante. Le corps a la capacité de guérir mais nous sommes également responsables de sa force et de sa faiblesse dans notre hygiène quotidienne. Vous comprenez maintenant l'importance de vous régénérer et d'adopter les bons réflexes afin de favoriser votre vitalité et ainsi retrouver la pêche !

Je booste ma vitalité !

Comment régénérer mon énergie ?

Afin de retrouver une bonne vitalité, il est important de dormir suffisamment et de laisser le temps au corps pour se régénérer, d'avoir une alimentation équilibrée et de pratiquer une activité physique au quotidien pour soulager le système nerveux et faire circuler les liquides dans le corps. De plus, il sera essentiel de travailler sur son mental afin de ne pas retenir les émotions négatives, d'éviter les ruminations et de cultiver l'optimisme.

Mes cristaux magiques pour avoir la patate

Pour avoir la pêche au quotidien, de nombreux paramètres doivent être réunis. Au-delà d'un bon entretien physique, il faut conserver un mental solide et positif, et savoir rebondir face à des événements difficiles. Les pierres suivantes seront donc vos meilleures alliées pour rayonner de dynamisme tout au long de vos journées : la cornaline pour solliciter votre guerrière intérieure, l'œil-de-tigre pour être adaptable et la pierre de soleil pour être optimiste, un beau combo !

Cornaline : pour réveiller mon âme de guerrière

Elle permet de stabiliser et réchauffer l'organisme en douceur. Elle agit particulièrement au niveau du deuxième chakra, celui de la volonté. Elle représente le courage, la confiance et la protection. Elle permet de transformer le stress et les traumatismes de façon créative afin d'accroître la motivation. On la considère également comme la pierre du féminin par excellence, elle vous invitera à être à l'écoute de ce qui vient de votre ventre, à prendre les bonnes décisions pour vous, à vous mettre en priorité.

En pratique

Pour être en forme toute la journée, vous pouvez porter une pierre de taille moyenne dans votre sac et la prendre dans vos mains lorsque vous ressentez un élan de fatigue. Vous pouvez également faire une méditation le soir afin de vous reconnecter à votre puissance féminine : visualisez votre utérus qui s'ancre à la Terre, par de profondes racines. Cette énergie remonte également vers votre tête, en passant par votre cœur. Elle vous traverse entièrement pour terminer sa course dans le ciel, reliée à la Lune, astre féminin par excellence. Ce ne sont que des idées, créez votre propre rituel en fonction de votre instinct, de vos envies et de votre créativité !

MON PROGRAMME POUR AVOIR LA PÊCHE

Œil-de-tigre : pour savoir rebondir face aux événements

Les stries fines à l'intérieur de la pierre mettent en évidence sa capacité à transmuter l'énergie. Lorsque la lumière se reflète sur les fibres du cristal, les douces rayures brunes et or semblent se transformer. Cette pierre élimine les émotions bloquées ou congestionnées dans les pensées. Elle apaise autant le physique que le mental.
Elle permet de voir les événements différemment et booste la capacité d'adaptation, pour changer de cap face aux aléas de la vie.

En pratique
Lorsque vous vous sentez submergée par vos émotions ou dans les moments de confusion mentale, tenez votre cristal en main et prenez trois grandes inspirations afin de vous recentrer.

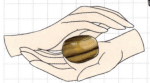

Vous pouvez également méditer avec cette pierre pour favoriser la paix du mental et laisser plus facilement les pensées s'envoler. Enfin, dormez avec un œil-de-tigre sous votre oreiller pour clarifier vos idées et vous permettre de vous régénérer pendant votre sommeil.

Pierre de soleil : pour rayonner d'optimisme

De la même famille que la pierre de lune, elle contient des couleurs plus chatoyantes avec un éclat doré et chaud. Elle possède une brillance lumineuse qui la rend très belle à contempler. Elle représente la légèreté et l'optimisme. Pour la guérison, elle recharge en douceur les énergies, nourrit un sentiment de conscience de sa propre valeur et permet de développer une image de soi plus positive. Elle est une alliée dans les moments de doutes afin de conserver et défendre ses principes.

En pratique
Allongée sur le sol ou sur votre lit, placez une pierre de soleil sur votre plexus solaire, entourée de quatre cristaux de quartz blanc afin de permettre à cette dernière de diffuser sa douce chaleur dans tout votre corps. Lorsque vous vous sentez démoralisée, méditez en plaçant votre attention sur cette pierre afin de capter ses vibrations positives. Vous pouvez également la porter dans votre poche ou votre sac près de votre ventre afin de faire rayonner son action tout au long de la journée.

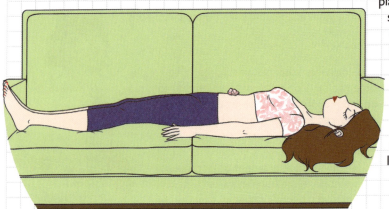

Le secret energy food : l'alimentation équilibrée

Afin de réduire les coups de fatigue, évitez d'acidifier votre organisme et favorisez la détoxination du corps en douceur. Comment ? Grâce à une alimentation saine et équilibrée fondée sur l'équilibre acido-basique. En effet, maintenir un pH du corps ni trop acide, ni alcalin, est la garantie du bon fonctionnement des différents processus métaboliques. L'avantage, c'est qu'une telle alimentation permet aussi d'éliminer les toxines. Il s'agit donc d'apporter les nutriments, oligoéléments et vitamines nécessaires afin de nourrir et de régénérer vos cellules pour être en bonne santé. Le combo idéal pour évoluer avec vos cristaux, car ces derniers entrent en synergie avec vous et ne peuvent pas vous rebooster si vous n'avez pas assez d'énergie pour y être réceptive. Voici les 12 commandements d'une alimentation power, saine et équilibrée.

Mangez sainement

Des aliments biologiques, des fruits et légumes crus, frais, de bonnes fibres comme le riz ou le pain complet, de bonnes huiles pressées à froid, d'olive ou de sésame, et des protéines faibles en acides comme le poisson ou la viande blanche.

Équilibrez vos repas

Si vous faites un écart sur un repas ou une journée, contrebalancez le lendemain. Apprenez à jongler entre les aliments plaisir et riches qu'il est toujours agréable de consommer et les plats sains, sources de vitalité pour votre organisme. La règle ? 80 % de repas sains, 20 % de repas plaisir au quotidien.

Modérez vos quantités

Plutôt que de compter les calories, vos points ou peser vos aliments, prenez simplement l'habitude de diminuer la quantité de nourriture, de manger à votre faim et de savoir vous arrêter lorsque vous êtes rassasiée.

Supprimez les produits raffinés

Remplacez les produits industriels (bourrés d'additifs, de sucre et de sel) et raffinés par des aliments bio et préparés maison. Plus un aliment est brut et frais, plus il vous apportera les vitamines et oligoéléments dont vous avez besoin pour être en bonne santé.

Exilez les fruits

Ils se digèrent rapidement hors de l'estomac, peuvent stagner dans les intestins et ainsi créer des fermentations et ballonnements. Pour éviter les désagréments, pensez à les consommer 1 heure avant ou après un repas.

MON PROGRAMME POUR AVOIR LA PÊCHE

29

N'oubliez pas le cru

Intégrer du cru permet de mieux digérer le cuit, car les enzymes présents dans le premier facilitent l'assimilation du second, surtout lorsque le plat principal est un peu riche. Privilégiez des jus de légumes si vos intestins sont fragiles ou si vous êtes stressée afin d'éviter les ballonnements dus aux fibres.

Diminuez le sucre

Il surmène le pancréas, le foie, les surrénales et abîme les dents, attaque les réserves minérales, les articulations, le tube digestif et le système immunitaire. De plus, il est le déclencheur de la mise en réserve du gras et fait grossir. Optez pour des sucres naturels, comme le sirop de coco, d'agave ou encore d'érable, à plus faible indice glycémique (c'est-à-dire élevant moins le taux de sucre dans le sang, ou glycémie, et faisant moins grossir). Ces derniers évitent l'appel du sucre et permettent de calmer la sensation de fringale.

Oubliez les excitants : café et thé

En plus de fatiguer le système nerveux, ils acidifient l'organisme et peuvent rendre fortement dépendant. L'équilibre acido-basique est primordial afin de ne pas stocker de déchets, de les éliminer correctement et de ne pas fatiguer les organes inutilement.
Préférez du café ou thé bio issu du commerce équitable, et si possible privilégiez les infusions sans théine.

Hydratez-vous

Buvez 1,5 litre d'eau peu minéralisée chaque jour pour faciliter le travail des reins et privilégiez les contenants en verre ou en plastique sans BPA (bisphénol A) de bonne qualité. Vous pouvez boire de l'eau infusée à la menthe si cela vous donne davantage envie, ou encore quelques tisanes.

Mâchez vos aliments

Mastiquer permet de briser correctement les fibres et les enveloppes cellulosiques des graines et céréales, pour une meilleure digestion et une meilleure assimilation. Il est important de prendre le temps de mâcher en conscience. De plus, la sensation de faim apparaît après 20 minutes au cours d'un repas, autant prendre son temps !

Diminuez la viande

Sans rentrer dans un débat sur le végétarisme, la viande et les charcuteries sont les premières sources d'acides néfastes à notre organisme. Optez pour des alternatives végétales, comme le tofu ou le tempeh, et préférez la qualité à la quantité.

Prenez du plaisir

Mangez dans le calme, en conscience, dans la bonne humeur et évitez de vous forcer lorsque vous êtes stressée ou en colère. L'alimentation représente une grande partie de notre quotidien, elle doit être perçue avec joie et légèreté.

Les 5 tibétains pour faire circuler votre énergie

Cette pratique consiste à répéter chaque matin un ensemble de 5 mouvements inspirés des postures du yoga. Chacun a été pensé afin que l'énergie puisse se répartir et s'équilibrer dans tout l'organisme. En moins de 10 minutes, ces mouvements vous permettent d'amplifier les énergies de vos cristaux. Les enchaînements se pratiquent par multiples de 3. Commencez par faire chaque enchaînement 3 fois, puis 6 fois, 9 fois, etc. N'hésitez pas à placer vos pierres sur votre tapis ou tout autour de vous, c'est encore mieux !

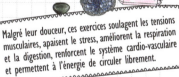

Malgré leur douceur, ces exercices soulagent les tensions musculaires, apaisent le stress, améliorent la respiration et la digestion, renforcent le système cardio-vasculaire et permettent à l'énergie de circuler librement.

Le derviche

Levez les bras tendus à hauteur des épaules et tournez dans le sens des aiguilles d'une montre, de la gauche vers la droite. Gardez les yeux ouverts et mettez une légère impulsion pour marquer chaque tour.

Le lever de jambes

Allongez-vous sur le dos, posez vos mains à plat sur le sol à côté de vos cuisses. Veillez à ce que votre dos soit bien plat. Lentement, tout en expirant, relevez vos jambes tendues aussi haut que possible. En même temps que vous levez les jambes, relevez la tête, ramenez le menton sur la poitrine. Enfin, laissez descendre votre tête et vos jambes en même temps et inspirez profondément.

MON PROGRAMME POUR AVOIR LA PÊCHE

L'arc

Installez-vous au sol sur vos genoux et vos orteils, les pieds pliés, les mains le long des cuisses, le dos droit. Ramenez votre menton sur votre poitrine. Penchez-vous en arrière en inspirant, tirez le menton vers le haut et l'arrière. Laissez votre dos se creuser en forme d'arc. Le mouvement part du bassin, vos jambes ne bougent pas. Gardez la position quelques secondes, puis revenez en expirant lentement.

Le pont

Asseyez-vous avec les jambes tendues devant vous. Gardez le buste droit, vos pieds écartés largeur d'épaules. Appuyez vos mains sur le sol et votre menton sur la poitrine. Ensuite, tout en inspirant, amenez les fesses vers les talons, pliez les genoux et levez le corps. En même temps, renversez la tête en arrière tout en tirant le menton vers le haut. Gardez les bras tendus. Restez ainsi quelques secondes et revenez à la position de départ en expirant lentement.

Le chien chat

Placez-vous comme si vous alliez faire un exercice de pompe, inspirez la tête en arrière, le menton aussi haut que possible tout en creusant le dos. Puis poussez sur vos mains et sur vos orteils et tirez le bassin vers le haut tout en ramenant le menton contre la poitrine en expirant. Jambes et bras tendus, restez dans cette position pyramidale quelques secondes.

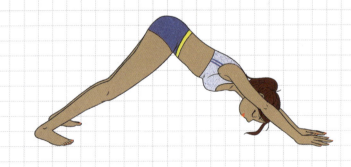

Mes réflexes psy pour booster mon énergie

Afin de vivre en harmonie et en forme, il existe certains principes importants à ne pas négliger au quotidien. Apprendre à s'écouter et se reposer lorsque cela est nécessaire permet au système nerveux de ne pas être surmené, aux pensées de s'apaiser et au corps de se relâcher. Nous sommes comme les appareils électroniques : lorsque la batterie est faible, il faut la recharger !

Apprendre à faire une pause

Le secret pour avoir la pêche au quotidien est d'apprendre à s'accorder des temps de repos lorsque notre corps en ressent le besoin. Pire : si vous ne prenez jamais le temps de vous poser quelques minutes, vous ne pourrez pas vous rendre compte de vos états de fatigue. C'est le cercle vicieux ! Le premier réflexe à adopter avant de travailler avec des cristaux est donc d'apprendre à faire une pause afin de se reconnecter à soi. Vous pouvez accompagner vos instants d'introspection de pierres de clarté et d'apaisement telles que la sélénite, l'améthyste ou encore le cristal de roche afin de profiter de leurs énergies régénératrices.

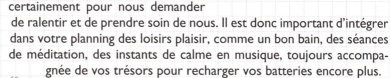

S'accorder des temps pour soi

Lorsque notre corps nous envoie des premiers signaux de détresse tels qu'une toux, une douleur abdominale ou encore une lourde fatigue, c'est certainement pour nous demander de ralentir et de prendre soin de nous. Il est donc important d'intégrer dans votre planning des loisirs plaisir, comme un bon bain, des séances de méditation, des instants de calme en musique, toujours accompagnée de vos trésors pour recharger vos batteries encore plus.

> Évaluez votre niveau d'énergie au quotidien, en notant sur 10 chaque jour votre état de fatigue, vos petites douleurs, vos états émotionnels et votre motivation. Lorsque la moyenne du jour est inférieure à 5, c'est qu'il est temps de vous occuper de vous et de passer du temps avec vos cristaux. Grâce à cet exercice, vous pourrez aussi identifier les tâches mangeuses d'énergie et mettre en place des stratégies pour les contrer.

MON PROGRAMME POUR AVOIR LA PÊCHE

Chapitre 3
Mon programme pour être zen et en confiance

Test : Quel est mon niveau de stress ?

La plupart du temps vous manquez de :
- ◆ Temps.
- ● Légitimité.
- ■ Confiance.

L'alimentation, pour vous, c'est :
- ◆ Quand vous avez le temps.
- ■ En fonction de votre état intérieur : un petit coup de blues ou d'ennui, et hop, vous grignotez.
- ● Régime sur régime, vous avez tout testé.

Vos vacances idéales :
- ■ Un stage de danse pour vous reconnecter avec votre corps.
- ● Une retraite en solitaire pour vous retrouver et ne rien organiser.
- ◆ Une île déserte pour ne côtoyer personne et lézarder au soleil.

Si vous pouviez être un animal, vous seriez :
- ◆ Un koala.
- ● Un tigre.
- ■ Un lapin.

L'activité que vous détestez faire :
- ● Les boutiques.
- ■ Le networking.
- ◆ La méditation.

Votre emploi idéal serait :
- ◆ Journaliste de voyage.
- ● Animatrice pour enfants.
- ■ Critique littéraire.

Faites les comptes !

◆	●	■

Une majorité de ◆ : *Vous avez besoin de zen attitude.*

Pour vous, la moindre tâche est devenue source de stress et d'anxiété, vous avez besoin de tout organiser en amont et le moindre grain de sable venant se loger dans votre routine bien huilée peut vous faire exploser. Vous aimeriez apprendre à gérer les choses avec plus de flexibilité mais vos mécanismes de défense vous laissent peu de marge de manœuvre, ce qui peut vous épuiser sur le long terme. Vous pouvez être parfois tellement à fleur de peau qu'une simple remarque peut réveiller une colère ou une tristesse logée au fond de vous, que vous ne pouvez apaiser seule. Grâce à vos cristaux et à différentes pratiques de bien-être, vous apprendrez à vous envelopper de douceur afin de vous détendre et devenir ainsi plus zen et heureuse.

Une majorité de ● : *Vous avez besoin de lâcher prise.*

Pour la perfectionniste que vous êtes, il est fréquent de ruminer les choses qui n'ont pas été faites comme vous auriez voulu, les actions ou les réactions de personnes qui n'ont pas été celles que vous attendiez… bref, vous broyez souvent du noir. Lâcher prise sur vos attentes par rapport aux autres et à vous-même vous permettrait d'être plus zen au quotidien, de conserver votre énergie et d'avancer dans vos projets. Grâce à vos cristaux et d'autres techniques pour apprendre à lâcher prise, vous saurez prendre la vie avec plus de légèreté.

Une majorité de ★ : *Vous avez besoin de prendre confiance en vous.*

Votre manque de confiance en vous et votre perfectionnisme vous poussent à douter de vos compétences et de vos facultés à gérer votre quotidien. L'image que vous avez de vous-même n'est pas toujours très positive et ces croyances sont très ancrées en vous. Difficile d'être zen lorsque l'on se remet sans cesse en question ! Remonter votre estime de soi vous permettrait de ne plus vous comparer constamment, d'être alignée avec vos rêves et d'avancer sereinement dans vos projets.

Stop au stress !

Le stress est un mécanisme de défense naturel. Il nous prépare physiquement et psychiquement à la confrontation ou à la fuite lorsque nous nous sentons menacés. Nous sommes tout à fait capables de gérer un pic de stress, mais un stress continu entraîne un épuisement complet. Il s'accompagne en plus d'agressivité, d'isolement, de troubles digestifs et nerveux, de problèmes de communication, d'une baisse de l'immunité et de la libido… À force, on peut manquer de discernement et dramatiser jusqu'à avoir de gros coups de blues. Il est donc impératif d'apprendre à diminuer votre dose de stress au quotidien afin de ne pas créer dans votre organisme des dommages pouvant aller jusqu'à de graves maladies.

Pourquoi je suis stressée ?

Le stress est une réaction d'adaptation à une situation nouvelle, à une situation que nous ne maîtrisons pas. Or aujourd'hui, nous sommes en permanence confrontés à ce genre de situation. Pire : si les situations inconfortables occasionnent du stress, nous fabriquons un stress supplémentaire en anticipant les difficultés futures, c'est le mécanisme de projection de la pensée. Bref, nous stressons pour le présent mais aussi pour l'avenir. Il est donc grand temps d'apprendre à se relaxer !

Mes pierres pour déstresser

Afin de vivre dans la paix et l'harmonie, il est important de savoir exprimer ses émotions. Les cristaux peuvent vous apporter de l'aide afin de vous libérer des pensées qui vous encombrent et vous procurer un sentiment de paix et de sérénité. La calcédoine vous accompagnera pour vous exprimer et la citrine pour vous relaxer.

Calcédoine : pour exprimer mes émotions

Elle possède des vertus d'apaisement du mental. Elle permet de dissiper les émotions négatives et les sombres pensées, favorisant ainsi une ouverture d'esprit, davantage de confiance en soi et un état propice au bonheur. La calcédoine bleue renforce l'assurance en public afin de pouvoir s'exprimer correctement. Elle boostera la confiance en vous et luttera contre le stress et la timidité.

En pratique

Afin d'extérioriser le stress et les tensions, portez une calcédoine en pendentif ou prenez-en une dans chacune de vos mains pendant votre méditation. Fermez les yeux et lorsqu'une angoisse liée à une émotion vient vous polluer, prenez une grande inspiration, puis expirez lentement en visualisant votre souffle sur un nuage. Ce nuage s'éloigne et se dissipe à mesure que vous soufflez dessus et vous permettez à cette pensée de s'envoler. Répétez le processus autant de fois que nécessaire. Plus vous pratiquerez cet exercice et plus vous vous sentirez légère.

Citrine : pour déstresser et me relaxer

On lui accorde la symbolique de la pierre de fortune, de prospérité et de réussite. La citrine est un puissant régénérateur d'énergie, elle absorbe et dissipe les émotions ou pensées négatives. Elle permet de surmonter les peurs ou phobies afin d'aborder la vie avec plus de sérénité. Elle procure une sensation de calme et de paix intérieure. Elle apaise les maux de ventre créés par le stress. Elle soulage également la constipation ou les coliques, souvent liées aux émotions que l'on retient en nous.

En pratique
Debout, tenez votre citrine le poing fermé et tendu au-dessus de votre lit ou d'une surface molle. Visualisez maintenant qu'elle se charge de toutes vos tensions, de vos peurs, de vos stress, confiez-lui toutes vos inquiétudes et envoyez toutes ces ondes négatives en elle. Serrez fort votre cristal en respirant profondément plusieurs fois, puis, lorsque vous vous sentez prête, inspirez et lâchez votre cristal – d'où l'importance de la surface molle ! – en expirant intensément afin de vous débarrasser de tout ce qui vous pollue. Effet garanti !

Mon rituel complet : je médite avec mes cristaux

❶ Installez-vous confortablement, allongée ou assise sur une chaise, le dos droit, dans un endroit calme où vous ne serez pas dérangée.

❷ Prenez votre cristal en main, puis fermez les yeux. Habituellement, la main droite est donneuse et la main gauche est réceptrice. Par exemple : déchargez l'énergie négative dans la calcédoine par votre main droite et absorbez le calme avec la citrine dans votre main gauche.

❸ Respirez plusieurs fois profondément et longuement, ressentez la légèreté de vos paupières fermées et l'ancrage de votre bassin. Laissez un sentiment de paix et de sérénité vous envahir.

❹ Concentrez-vous ensuite sur votre respiration. Le souffle purificateur et doux qui rentre par vos narines, puis ressort par votre bouche en vous déchargeant de toutes vos tensions. Si votre esprit s'échappe dans des pensées, ramenez-le à l'instant présent. Afin de faciliter la concentration sur votre souffle, vous pouvez compter un cycle de 21 respirations et lorsque votre mental s'égare, recommencez.

5. Revenez petit à petit dans la pièce où vous vous trouvez. Reprenez conscience de votre corps, bougez les orteils, les doigts, bâillez et étirez-vous si vous le souhaitez. Reposez-vous encore quelques instants dans ce temps paisible.

6. Lorsque vous êtes prête, ouvrez les yeux, regardez vos cristaux quelques instants et remerciez-les pour cette méditation. Conservez ces nouvelles énergies de paix pour votre journée ou nuit à venir. N'hésitez pas à les nettoyer avant la prochaine utilisation.

Alimentation : j'évite les dévitalisants

Lorsque nous sommes stressés, notre organisme a besoin de 400 fois plus de vitamines et oligoéléments pour contrecarrer les effets néfastes et oxydants du stress. Les dévitalisants sont des aliments qui nous demandent, pour être métabolisés, de mobiliser davantage de nutriments et de catalyseurs tels que les enzymes que ce qu'ils nous apportent. Ce sont donc des énergivores qui nous stimulent ou nous procurent du plaisir quelques minutes ou quelques heures, mais qui épuisent nos systèmes nerveux et glandulaire sur le long terme. Il est donc impératif de les traquer lorsque vous traversez une période de stress intense afin de ne pas acidifier et perturber votre organisme.

La blacklist des dévitalisants

- les excitants : café, thé noir, cola, etc.
- les aliments raffinés : sucre blanc, pain blanc, sel ordinaire, huile raffinée, etc.
- les aliments riches en toxines : alcool, laitages en trop grande quantité, les excès de viande ou d'œufs, les excès de fruits ou légumes non biologiques, les aliments contenant des additifs chimiques tels que les plats préparés, etc.
- les aliments ou repas trop lourds : les graisses cuites, les excès, etc.

Ne négligez pas l'activité physique !

L'activité physique possède un rôle non négligeable dans l'élimination du stress et la bonne gestion des émotions. Elle permet d'activer les muscles pour détendre les crispations créées par le stress mais aussi de respirer profondément, un autre outil antistress. Cette routine relaxation, à pratiquer avec vos cristaux à proximité, permettra détente et soulagement du stress.

La respiration cosmique

Cet exercice tiré du qi gong vous permettra de mettre en mouvement tout votre corps en douceur et induira une respiration profonde relaxante.

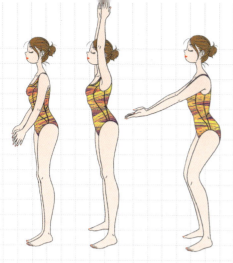

Let's go ! En position debout, bras le long du corps, pieds parallèles écartés de la largeur des épaules. Conservez une certaine souplesse et vos genoux accompagnent le mouvement des bras. À chaque inspiration, levez les bras doucement et captez l'énergie de la nature, de la terre et du ciel pour vous revitaliser. À l'expiration, baissez les bras doucement vers le sol, paumes de mains vers le bas et rejetez vos émotions négatives.

Combien de fois ? Répétez l'exercice pendant 3-4 min jusqu'à ressentir l'apaisement et un regain de vitalité.

Petit pont

Cet exercice favorise la respiration et la relaxation en étirant le diaphragme.
Let's go ! Allongée sur le dos, les jambes repliées en forme de tente. Soulevez le bassin pour aligner le corps et joignez vos mains sous votre dos pour soutenir le bassin.
Combien de fois ? Conservez cette posture pendant 30 s si vous le pouvez et répétez 3-4 fois.

Vrille

Ce mouvement permet le massage de tout le dos, un assouplissement de la cage thoracique, favorisant une respiration plus ample et un apaisement du mental.
Let's go ! Allongée sur le dos, ramenez les jambes pliées près de la poitrine, les genoux collés ensemble. Placez les genoux sur la droite en gardant les épaules au sol et regardez vers la gauche en tournant la tête doucement.
Combien de temps ? Restez 30 s dans cette position avant de changer de côté, les genoux à gauche et le regard vers la droite.

Tigre allongé

Cette posture facilite le retour veineux et le drainage lymphatique, elle soulage notamment le stress.
Let's go ! Asseyez-vous contre un mur, puis allongez-vous au sol en montant les jambes et les fessiers collés au mur.
Combien de temps ? Conservez cette position en équerre pendant 5 à 10 min en fonction de vos possibilités, en vous concentrant sur votre respiration.
À éviter pendant la période des règles comme toutes les postures inversées de yoga.

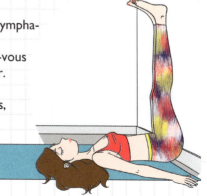

Mon doudou aroma antistress : la camomille romaine

La diffusion ou l'olfaction au flacon de l'huile essentielle de **camomille** vous apportera détente et réconfort. Grâce à ses propriétés relaxantes et antispasmodiques, elle vous soulagera notamment pendant vos crises d'angoisse, en cas de stress intense, de choc traumatique, de surmenage ou encore de burn-out. Elle sera également votre meilleure alliée si vous souffrez d'hypersensibilité. Déposez quelques gouttes entre vos poignets et respirez lorsque vous en ressentez le besoin.

Attention, les huiles essentielles sont à manier avec précaution. Renseignez-vous sur les contre-indications et dosages auprès de professionnels.

Mes fleurs de Bach antistress : aspen (tremble) et mimulus (muscade)

En cas d'angoisse latente

Afin d'accompagner vos cristaux contre le stress et d'être calme, **le tremble** vous permettra de lutter contre la peur latente. Il dissipe l'appréhension et les mauvais pressentiments. Si vous vous sentez souvent mal à l'aise, avec l'impression que quelque chose de négatif est sur le point de se produire, il sera votre meilleur allié.

En cas de peur précise

Si, à l'inverse, vos peurs sont précises, si vous êtes effrayée ou inquiète de parler en public, par exemple, de gérer un conflit…, la **muscade** vous apaisera. Ces peurs sont de fortes sources de stress qu'il est important d'apprendre à apprivoiser pour pouvoir les dépasser.

Pour le dosage…
Vous pouvez prendre 2 gouttes directement sous la langue 3 fois par jour pendant 3 semaines ou 7 gouttes dans une petite bouteille d'eau à boire au cours de la journée. Les élixirs existent également sous forme de spray, la posologie reste la même.

Je veux lâcher prise !

Le lâcher-prise, qu'est-ce que c'est ?

Lâcher prise, c'est arrêter de s'en faire sur des situations que nous ne contrôlons pas, sur lesquelles nous ne pouvons agir. C'est une attitude de résilience et d'acceptation. Il ne s'agit pas d'échouer ou d'abandonner, mais d'arrêter de se pourrir la vie quand on n'y peut rien.

Par exemple, lorsque votre amoureux n'est pas comme vous aimeriez qu'il soit, lorsqu'il dit quelque chose qui vous déplaît et que vous allez ruminer pendant des heures…

Pourquoi lâcher prise ?

Lorsque vous faites face à une situation qui vous perturbe, vous avez souvent deux options : lâcher prise et passer au-dessus de ce qui vous irrite, ou vous énerver et nourrir des émotions négatives, et ainsi créer des tensions corporelles. Plus vous choisirez la deuxième option et plus cela deviendra une habitude. Non seulement c'est néfaste pour vous, mais en plus la colère est comme une graine que vous semez : vous finirez par récolter tôt ou tard le fruit de votre réaction. À l'inverse, si vous décidez de sourire à tout le monde, avez-vous remarqué l'attitude des personnes face à votre comportement ? Alors, n'est-ce pas le bon moment pour apprendre à lâcher prise ? Vous verrez, il est beaucoup plus agréable de ne pas se prendre la tête !

Mes cristaux pour lâcher prise

Les cristaux sont de merveilleux alliés pour apprendre à se détendre. Ils agissent au niveau émotionnel et mental afin de dissiper les ruminations et de nous insuffler des émotions de paix et de confiance en la vie. La calcite vous aidera à accepter les situations que vous traversez et la séraphinite vous aidera à apaiser vos émotions et à lâcher le contrôle.

Calcite : pour l'acceptation

Elle constitue les stalactites dans les grottes depuis des millénaires et provient de la coquille de créatures marines qui, en se déposant au fond de l'océan, forme de la craie. Elle peut prendre différentes formes et couleurs, d'où parfois la confusion avec d'autres cristaux. Préférez la calcite jaune pour apporter de la joie, la bleue pour favoriser l'expression ou encore la rouge pour vous donner du courage. La calcite symbolise le cycle de la vie et la transformation. Elle permet d'apaiser les émotions agitées, de calmer le mental et de dissiper les conflits intérieurs. Elle favorise ainsi le lâcher-prise et le détachement face aux événements que l'on ne peut contrôler.

En pratique

Méditer en posant le regard sur une calcite permet d'apaiser l'esprit. Lorsque vous entrez en résonance avec cette pierre, repensez aux événements qui vous crispent. Visualisez ensuite un océan de vagues magnifiques. Vous êtes dans cet océan et avez le choix entre nager à contre-courant ou vous laisser porter par les vagues. Vous savez qu'il est plus intelligent de vous laisser porter, alors visualisez-vous intensément surfer sur cette merveilleuse étendue d'eau bleue. Profitez du sentiment de paix et de calme qui s'installe en vous et conservez-le pour les heures à venir.

Séraphinite : pour lâcher prise

C'est LA pierre du lâcher prise, elle offre des vibrations d'amour et de tendresse afin de nous montrer que nous sommes sur la bonne voie et que nous pouvons avoir confiance en la vie. Elle invite à accepter les différentes expériences sans vouloir les contrôler. Elle facilite l'acceptation des émotions et apaise les colères ou chagrins. Elle favorise également le détachement des anciennes relations qui nous pèsent et aide à se défaire des dépendances.

En pratique

Portez votre séraphinite toute la journée lorsque vous traversez une période difficile. Lorsqu'une émotion négative vous submerge, prenez-la dans votre main gauche et connectez-vous à ses énergies. Répétez le mantra suivant : « Je n'ai aucune prise sur ce que la vie m'apporte. J'accueille les expériences du mieux que je peux » pendant plusieurs minutes. Chaque soir, prenez quelques instants de méditation et d'introspection lors de son nettoyage et observez votre évolution au fil des jours.

Mon huile essentielle pour lâcher prise

Le géranium rosat pour se laisser porter

Son pouvoir apaisant agit sur l'agitation nerveuse et booste l'estime de soi. Cette huile essentielle vous invite à vous détacher de l'hyperactivité et à laisser davantage de place à l'intuition et à l'imagination. Elle apporte des notes douces et calme l'ego inquiet, diminue la colère et favorise la confiance en la vie.

En olfaction, plusieurs fois par jour avec un diffuseur ou sur un mouchoir. En application, diluée à 50 % avec une huile végétale, sur la face interne des poignets, le plexus solaire ou sous la plante des pieds.

Pour un bain détente : mélanger 6 à 8 gouttes dans du gel douche avant de verser dans l'eau.

Un petit exercice pour lâcher prise

Écrivez sur une feuille ce qui vous perturbe, une situation sur laquelle vous n'avez pas de prise, une personne qui vous met en colère par son comportement, ou quelque chose en vous que vous n'arrivez pas à apaiser. Froissez le papier en boule et prenez-le dans une main tendue au-dessus du sol, puis fermez les yeux. Visualisez le problème et demandez-vous ce qu'il se passerait si vous lâchiez prise ? Projetez-vous quelques instants en respirant profondément. Puis ouvrez la main et lâchez la boule de papier. Que ressentez-vous ? C'est mieux, n'est-ce pas ?

Je veux avoir confiance en moi

Pas facile de ne pas se comparer constamment et de se donner la valeur que l'on mérite. Notre société valorise énormément les réussites et est intransigeante face à nos petits échecs et aux imprévus de la vie. Il est alors facile de se sentir diminuée, à la traîne ou incapable de suivre le rythme. Grâce aux cristaux, vous pourrez rebooster votre estime de soi et envisager la vie avec confiance !

Sur quoi repose la confiance en soi ?

Avoir confiance en soi signifie ressentir la capacité de faire face aux défis du quotidien : se sentir capable de mener un projet, d'apprendre sur un sujet, de faire des choix justes pour soi, de prendre les bonnes décisions dans son travail, de s'adapter aux changements relationnels, etc. C'est également et surtout savoir que vous méritez d'être heureuse et que vous êtes en mesure de développer votre propre chemin vers le bonheur. La confiance en soi ne vient pas de l'extérieur mais bien de vous-même.

6 conseils pour améliorer votre estime de soi

❶ Passez à l'action

Il n'arrive jamais rien de positif lorsque l'on procrastine. Il faut un premier pas pour déclencher les choses. Il se peut que certains jours soient plus difficiles que d'autres, mais c'est normal, soyez bienveillante envers vous-même car vous aurez déjà réussi le premier pas !

❷ Prenez du recul

Non, vous ne vous résumez pas à des petits kilos en trop, à un travail qui ne vous satisfait pas ou à une relation parfois chaotique ! Cela ne définit pas votre vie ni vos capacités. Ce sont des événements que vous vivez, et qui finiront par vous faire grandir et évoluer. Vous n'êtes pas nulle et vous n'êtes pas la seule responsable de tout, il n'y a pas de raison de vous remettre en cause. Lorsque vous l'aurez compris, alors vous verrez l'ampleur de votre potentiel.

❸ Sortez de votre zone de confort

Vous souvenez-vous de la première fois que vous avez testé une activité ? Ou de votre premier jour de travail ? De votre premier rendez-vous amoureux ? Ce qui apporte de la nouveauté est source d'évolution, cela vous permet de grandir et vous ouvre à de nouvelles parties de vous. Cela vous rend fière et vous donne confiance en vos capacités. Alors, allez-y, faites des expériences, sortez de votre zone de confort ! Et si vous alliez à cette soirée qui vous fait peur ? Osez vous bousculer un petit peu, vous verrez le résultat !

❹ Faites votre état des lieux

Prenez une feuille et un stylo et notez, à titre d'exemples, les points suivants :
- Vos qualités, vos faiblesses
- Vos passions ou ce que vous détestez
- Vos rêves dans tous les domaines de votre vie
- Les choses pour lesquelles vous êtes reconnaissante
- Les réussites (petites ou grandes) dont vous êtes fière
- Vos insécurités (stress, manque de confiance, peurs)

Amusez-vous à reprendre cette liste chaque mois, à voir ce qui a changé… Vous comprendrez que votre vie évolue, que vous faites des progrès, que vous vous améliorez, et votre confiance grandira petit à petit !

❺ Soyez en amour avec vous-même

S'aimer soi-même permet de prendre de meilleures décisions. Allez vous faire masser, promenez-vous seule dans la nature ou en ville, bichonnez-vous à la maison, partez en week-end de séminaire ou de yoga… Lorsque vous décidez que vous êtes aussi importante que l'autre, vous savez prendre les bonnes décisions pour vous, vous savez dire non et vous écouter davantage afin de vous sentir en paix avec vos désirs et émotions.

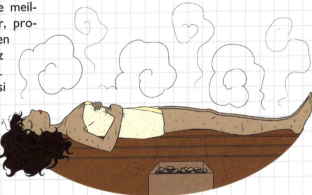

❻ Rêvez grand !

Qui a dit qu'il était interdit de s'approcher de son rêve chaque jour ? Retournez à l'école, déménagez, lancez-vous dans la peinture… Acceptez le fait que vous êtes un être formidable, que nous sommes tous là pour vivre de belles choses et que personne ne peut vous en empêcher, si ce n'est vous !

Mes pierres pour booster la confiance en moi

Les cristaux de couleur jaune ou orange possèdent de nombreuses propriétés pour booster la confiance en soi. La topaze saura développer votre sens du leadership, et le quartz citrine votre capacité à être positive quoi qu'il arrive. L'ambre vous boostera et réveillera la joie et le dynamisme qui sommeillent en vous afin de vous donner la motivation nécessaire pour déplacer des montagnes !

Topaze : pour le sens du leadership

Réputée en joaillerie depuis des siècles, la topaze se décline dans plusieurs couleurs mais c'est le orange-jaune qui offre le rayonnement dont vous avez besoin. Elle favorise la confiance en soi, le sens du leadership et encourage à exprimer ses désirs. Elle permet d'éliminer la tension physique, stabilise les émotions, accroît la motivation et harmonise les énergies. Elle facilite également les relations positives avec les autres.

En pratique

Portez une topaze autour du cou et ressentez ses énergies de force et de puissance affluer en vous. Faites la liste de tous vos rêves, puis une seconde liste avec toutes les actions à mettre en place afin d'atteindre ces derniers. Lorsque vous vous sentez perdue, reprenez votre liste afin de vous remémorer vos objectifs et vous remotiver. Vous verrez, tout est à votre portée, vous possédez en vous le pouvoir de réaliser tous vos rêves !

Quartz citrine : pour la positive attitude

De couleur jaune doré, on peut parfois le confondre avec le quartz fumé. Il stimulera votre confiance en vous et renforcera votre pouvoir personnel. Il est idéal pour fournir une énergie optimiste et apporte de la joie pendant les longs mois d'hiver qui ne sont pas toujours simples à vivre. Il vous évitera de broyer du noir lorsque vous vivez une période difficile jalonnée d'épreuves. Il se combine parfaitement avec l'améthyste afin d'apporter bien-être, équilibre mental et optimisme au quotidien.

En pratique
Posez vos cristaux sur la table et prenez une feuille blanche. Listez toutes les choses qui vous pèsent, qui vous alourdissent ou qui abîment votre confiance en vous. Puis transformez chacune de ces phrases en positif et écrivez-le en dessous. Fermez les yeux et connectez-vous à vos sensations. Placez les cristaux dans une enveloppe avec le papier et conservez cette dernière dans votre sac. Lorsque vous vous sentirez triste ou que vous aurez le blues, prenez l'enveloppe dans vos mains, sur votre cœur et rappelez-vous que vos perceptions peuvent être transformées.

Ambre : pour me booster

Il ne s'agit pas d'un cristal mais d'une résine de conifère fossilisée, pourtant ses propriétés sont tout aussi intéressantes. L'ambre symbolise l'énergie vitale et concentre l'énergie solaire en elle car elle s'est créée non pas sous la surface de la Terre mais bien en plein air. Elle permet de dynamiser tous les systèmes du corps, de stimuler l'énergie et de relancer l'enthousiasme. Elle apporte une énergie positive et dynamique afin de vous donner le courage nécessaire pour avancer au quotidien.

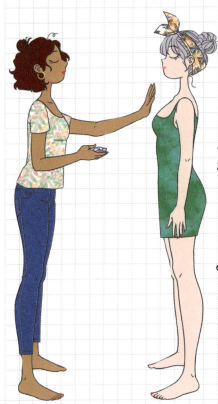

En pratique
Afin de relancer le système nerveux et faire circuler l'énergie positive dans tout votre corps, demandez à une amie ou à un thérapeute corporel de passer une pierre d'ambre sur votre corps, des pieds à la tête en passant par la colonne vertébrale. Vous pouvez compléter le soin par un massage dynamisant du dos avec une huile essentielle de citron, solaire, afin de bien faire circuler cette énergie positive dans tous les liquides de votre corps. Ce rituel permettra de réveiller votre motivation et votre dynamisme.

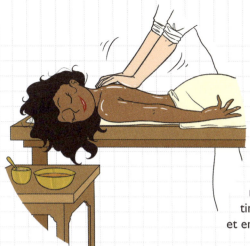

Le massage, c'est bon pour la confiance en soi !

Le massage, en passant par le toucher, vous permettra d'habiter de nouveau votre corps. Augmenter la conscience de votre corps modifiera le regard que vous portez sur vous-même afin de vous rendre plus confiante face aux expériences de la vie. Lorsqu'une autre personne vous masse, le contact de ses mains vous offrira un sentiment d'amour de votre corps, de confiance en vous et en l'autre.

Ma fleur de Bach spéciale confiance : elm (orme champêtre)

Face à une période compliquée, il arrive de douter et de perdre confiance en soi temporairement. L'orme champêtre vous aidera à dissiper ces impressions désagréables afin que vous puissiez faire face aux défis du quotidien avec plus d'assurance, sans douter de vos capacités.

Diluez 3 gouttes dans un verre d'eau 3 fois par jour pendant 3 semaines. Vous pouvez également prendre 3 gouttes pendant la journée lorsque vous en ressentez le besoin, avant un entretien ou un rendez-vous important par exemple.

MON PROGRAMME POUR ÊTRE ZEN ET EN CONFIANCE

Chapitre 4
Mon programme pour être épanouie et en harmonie

Test : Suis-je en harmonie avec moi-même ?

Vos amies vous trouvent plutôt :
- ■ Cartésienne et un peu difficile à convaincre.
- ● Incapable de prendre des décisions ou de faire des choix.

Lorsque vous méditez :
- ● Vous avez du mal à intégrer ce qu'il se passe en vous.
- ■ Vous vous demandez ce que vous faites ici.

Lorsqu'une coïncidence se présente dans votre quotidien :
- ● Vous trouvez ça rigolo sans savoir comment le prendre.
- ■ Vous ne faites pas attention aux messages.

Si vous pouviez être une célébrité, vous seriez :
- ■ Gandhi pour sa sagesse.
- ● Lady Gaga pour sa détermination.

Quand vous passez des moments seule :
- ● Vous êtes agitée et dans la procrastination.
- ■ Vous êtes plutôt portée séries et chips.

Pour vous, la magie :
- ● Vous donne envie d'explorer et d'y croire.
- ■ C'est chouette dans *Harry Potter*.

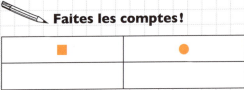

Faites les comptes !

■	●

Une majorité de ● : *Vous avez besoin d'écouter votre intuition.*

Quand il s'agit de faire des choix importants dans votre carrière ou vos relations amoureuses, ou bien de savoir ce qui est bon pour vous, vous êtes perdue. Vous avez tendance à vous en remettre aux autres et à ne pas avoir assez confiance dans vos ressentis pour déterminer ce que vous souhaitez faire. Vous avez aussi parfois l'impression que vous ne captez pas les bons messages et pouvez être confuse face aux signes que la vie met sur votre chemin. Il est grand temps de vous reconnecter à votre intuition afin de vous sentir en harmonie dans votre quotidien. Heureusement, vos cristaux vont vous aider !

Une majorité de ■ : *Vous avez besoin de développer votre conscience spirituelle.*

Vous êtes cartésienne, et vous ne vous souciez pas de voir au-delà. À moins que vous ne commenciez à vous interroger sur la spiritualité et ce qu'elle pourrait vous apporter en termes de bien-être ? L'ouverture de conscience permet de se sentir davantage connectée au reste du monde. Ce lien, cette ouverture aux choses invisibles vous permettrait d'observer les signes, de voir les synchronicités dans les petites coïncidences afin de vous sentir de plus en plus en paix et ainsi acquérir une certaine sagesse.

Je veux me reconnecter à mon intuition

L'intuition, qu'èsaco ?

L'intuition, ça existe et c'est prouvé !

Vous avez parfois la sensation qu'une personne ou une situation n'est pas la bonne pour vous sans pouvoir l'expliquer. L'intuition, ça existe et c'est prouvé ! Deux neurologues de l'université de l'Iowa ont découvert que nous étions capables de pressentir des événements (dans le cas de l'étude, les sujets ont su deviner parmi des cartes face cachée celles qui étaient bonnes ou mauvaises, des zones spéciales de leur cerveau s'activaient pour les prévenir). Incroyable, non ? Et ce pressentiment dont on ne connaît pas bien l'origine s'applique à tout : on sent les endroits, les personnes ou les choix qui vont avoir

49

de l'importance dans notre vie et qui seront bénéfiques. Cela peut se manifester sous forme d'un pressentiment, et même par des signes physiques (le cœur qui bat, le ventre qui se tord, une sensation désagréable diffuse).

À quoi ça sert ?

Comme un GPS qui nous permet d'arriver sans difficulté à destination, l'intuition est une boussole intérieure qui nous guide le long de notre chemin de vie. Elle nous permet de savoir ce qui est bon pour nous et ce qui ne l'est pas, pour prendre les bonnes décisions et discerner les opportunités. C'est pour cette raison qu'il est très important d'apprendre à l'écouter et la développer. Pour cela, il faut la reconnaître et apaiser son mental afin de lui faire place.

5 conseils pour développer votre intuition

❶ Croyez en votre intuition

Pour pouvoir la développer, vous devez tout d'abord croire en elle ! On a tendance à tout rationaliser, à se dire par exemple que cette intuition d'un événement néfaste vient juste d'une peur, ou que cette bonne intuition vient juste d'une envie très forte. Peu importe, ce n'est pas incompatible ! Le sentiment est là, et il est toujours justifié. Vous savez d'instinct ce qui est bon pour vous, écoutez-vous davantage ! Il n'est pas nécessaire de mettre de mot sur cette sensation, nul besoin de parler de spiritualité ou de connexion divine. La magie, c'est vous, faites-vous un peu confiance !

❷ Faites le vide

Faites de la place pour l'intuition ! Comment voulez-vous entendre votre petite voix intérieure dans le rythme infernal de votre quotidien ? Prenez du temps pour vous, faites couler un bain, lisez au calme… Un état d'esprit apaisé, l'attention au moment présent et l'écoute de votre ressenti sont des facteurs clés. Prenez l'habitude de méditer quelques minutes chaque jour, afin de prendre du recul, seule, face à vos questionnements. Lorsqu'un choix s'offre à vous, essayez de calmer votre mental, vous verrez que la réponse viendra à vous plus simplement que vous ne le pensez.

❸ Reprenez contact avec votre corps

Écoutez votre corps, il vous parle. Vous avez mal au ventre avant une soirée entre amis ? C'est peut-être que vous n'avez pas vraiment envie d'y aller. Vous avez mal à la tête à l'idée de vous lancer dans un projet ? C'est peut-être que ce n'est pas bon pour vous. Bien sûr, parfois l'ego pourra vous tendre des pièges. Écouter son intuition, c'est aussi avoir le discernement nécessaire face à ces émotions parasites. Votre corps n'est pas votre ennemi, il est là pour vous faire passer des messages et accompagner votre expérience. La méditation vous permettra de vous connecter davantage à vos sensations corporelles et de savoir si un ressenti est fondé sur une peur ou une réelle intuition. Plus vous ferez des expériences et plus vous décrypterez ce qu'il se passe en vous.

❹ Acceptez l'inexplicable

Soyez honnête : quand vous n'écoutez pas vos pressentiments, vous obtenez un résultat désastreux, et ce n'est pas un hasard. Parfois, les conséquences néfastes sont perceptibles seulement sur le long terme, mais elles arrivent toujours. Bien sûr, vos intuitions peuvent faire peur et vous forcer à sortir de votre zone de confort, mais c'est là qu'est tout l'enjeu. Lorsque vous savez au fond de vous ce que vous avez à faire, essayez toujours de réagir avec amour et non avec peur. Agir avec bienveillance envers les autres et soi-même mène toujours à des situations meilleures.

❺ Passez le mental sous silence

Votre ego est là pour vous protéger, pour savoir ce qui est dangereux pour vous. Mais il est aussi votre ennemi lorsqu'il s'agit d'écouter vos instincts. Parfois, vous aurez la sensation de savoir ce qui est bon pour vous, de connaître la réponse à une question, de recevoir un message par une voie inconnue… et le mental inventera des stratagèmes pour calmer vos ardeurs et vous faire douter de vos capacités. Ne l'écoutez pas, vous avez en vous les réponses !

Mes pierres pour développer mon intuition

Les cristaux sont souvent utilisés dans le développement spirituel et personnel. Bénéfiques sur les plans physique, émotionnel et mental, ils apportent des vibrations de calme, nécessaires à l'écoute de son intuition. Les pierres suivantes vous permettront de vous ouvrir aux possibilités et de faire confiance aux messages de la vie, ainsi que de discerner les vraies intuitions.

Apatite : pour m'ouvrir aux possibilités

Ce beau cristal bleu aux inclusions dorées et vertes est de même composition que l'émail de nos dents et il semblerait même que nous en possédions dans notre glande pinéale, siège de l'intuition ! Elle aide à l'expression personnelle et encourage une attitude souple. Elle active l'intellect intuitif, c'est-à-dire qu'elle permet d'écouter davantage sa petite voix intérieure, elle favorise la compréhension des messages que nous envoie l'univers à travers les rencontres et coïncidences. Elle sera votre meilleure alliée si vous souhaitez remettre de l'ordre dans votre vie en vous fiant à vos perceptions.

En pratique : la visualisation projective

Imaginez une situation précise pour laquelle vous souhaitez obtenir des réponses. Fermez les yeux et concentrez-vous sur votre respiration. Apaisez votre esprit et prenez le temps de faire le vide en vous. Laissez alors venir les idées et inspirations, sans jugement. Développez ensuite votre visualisation en vous projetant dans ce scénario et connectez-vous à vos sensations. Que ressentez-vous ? De la joie dans votre cœur ? De la peur au ventre ? Cet exercice laisse surgir l'intuition, permet de l'identifier et de la vérifier, tout en analysant les blocages qui vous empêchent de vous laisser guider par cette dernière.

Chrysoprase : pour avoir confiance en la vie

Cette jolie pierre turquoise symbolise la chance, le succès et apporte l'harmonie. Elle permet de faire le calme en soi et de se sentir en sécurité afin d'écouter son intuition sans se laisser polluer par les peurs. Elle accroît la créativité et la légèreté afin de s'adapter aux situations nouvelles. Elle vous permettra de donner une nouvelle direction à votre vie si vous ne vous sentez pas à votre place. Elle facilitera la confiance dans votre cœur pour que, quoi qu'il arrive, tout se passe bien.

En pratique : la création intuitive

Prenez votre pierre et asseyez-vous face à une table avec une feuille de papier. Munissez-vous de crayons de couleur ou stylos et fermez les yeux. Posez une question qui vous préoccupe, prenez trois grandes respirations et faites le calme en vous. Lorsque vous vous sentez prête, prenez vos crayons et laissez libre cours à votre instinct, dessinez tout ce qui vient naturellement, sans jugement ni pensée rationnelle. Regardez le résultat et contemplez ce que vous avez instinctivement réussi à vous offrir comme nouvelles perceptions. Cet exercice permet de faire émerger des solutions de manière créative, sans que le mental intervienne (ou peu) afin de trouver les réponses en soi grâce à l'intuition.

Lapis-lazuli : pour obtenir la vérité

Cette pierre était adorée par les Pharaons au temps des Égyptiens, ils l'utilisaient pour guérir, apporter clarté mentale et favoriser l'intuition. Le lapis-lazuli est associé symboliquement à la vérité, à l'équilibre, à la justice et au courage. C'est le cristal le plus puissant pour développer votre intuition afin de savoir ce qui est bon pour vous, de trancher lorsque vous avez des décisions à prendre ou encore si vous avez des doutes et que vous ne savez plus quoi faire. Il favorise le développement du 6e chakra, le 3e œil, afin de vous permettre de capter les messages subtils dans votre quotidien.

En pratique : l'exercice de la relation miroir

Lorsque vous ressentez le besoin de comprendre ou de savoir ce que pense une personne en particulier, afin de dénouer des émotions ou sentiments qui vous perturbent, munissez-vous de votre cristal, d'une feuille et d'un stylo. Fermez les yeux, respirez profondément et connectez-vous à cette personne.

Lorsque vous vous sentez prête, écrivez tout ce qui vous vient en tête, comme si cette personne vous parlait. Notez tout ce qu'elle vous transmet, ne jugez pas et ne laissez pas votre mental polluer votre processus intuitif. Cet exercice permet de capter les messages subtils concernant une personne, un peu comme le font les médiums. Vous serez surprise des résultats !

La monodiète pour libérer l'esprit et clarifier les pensées

Technique de naturopathie, la monodiète permet de mettre au repos partiel le système digestif, de favoriser la récupération et la distribution de l'énergie pour une pensée plus claire, une créativité améliorée et une intuition développée. Détoxifier, assainir et harmoniser votre corps physique aura également un impact sur vos plans plus subtils. Il est recommandé de pratiquer régulièrement ces petites pauses alimentaires afin de favoriser le développement de votre intuition.

C'est quoi ?

Il vous suffit de consommer pour un temps donné (un repas pour alléger votre journée, une journée pour une petite détox ou plusieurs jours pour bien nettoyer votre organisme) un seul aliment choisi pour ses caractéristiques, bio, sans adjonction et de saison. Par exemple, le raisin en automne pour ses propriétés reminéralisantes ou la pomme de terre en hiver pour ses bienfaits alcalinisants. Vous pouvez également consommer du riz semi-complet ou blanc car c'est un puissant détoxifiant, vierge de toute purine (dont la dégradation produit de l'acide non éliminé par le corps), avec la réputation de nettoyer le sang. Choisissez également la compotée de pommes sans sucre pour fluidifier le transit ou encore le jus de légumes pour assainir les intestins. Toujours sans ajout, ni matière grasse bien sûr.

Comment faire ?

Avant une monodiète de plusieurs jours, il convient d'effectuer une « descente alimentaire », cela signifie qu'on va petit à petit éliminer de son alimentation les protéines (viandes, poissons, œufs) et les lipides (graisses végétales et huiles) en amont. La reprise alimentaire s'effectuera de la même façon.

Buvez beaucoup d'eau afin que vos reins puissent bien éliminer les déchets.

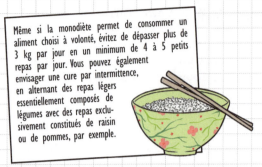

Même si la monodiète permet de consommer un aliment choisi à volonté, évitez de dépasser plus de 3 kg par jour en un minimum de 4 à 5 petits repas par jour. Vous pouvez également envisager une cure par intermittence, en alternant des repas légers essentiellement composés de légumes avec des repas exclusivement constitués de raisin ou de pommes, par exemple.

Mon huile essentielle spéciale intuition : l'encens

L'huile essentielle d'encens est idéale pour éveiller vos facultés spirituelles et votre intuition. Elle agit principalement sur les chakras de la couronne au sommet de votre tête, du 3e œil, siège de l'intuition et du cœur. Diffusez-la pendant vos méditations ou lorsque vous cherchez des réponses. Vous pouvez également respirer directement au-dessus du flacon lorsque votre instinct est dans le brouillard et que vous vous sentez perdue. L'encens vous permettra d'obtenir les réponses dont vous avez besoin et saura vous apporter la paix mentale.

Quelques exercices pour améliorer votre intuition

Deviner les pensées d'une amie

Essayez de percevoir les émotions et pensées d'une amie lorsque vous la retrouvez. Avant de lui demander comment elle va et ce qui occupe son esprit en ce moment, tentez de le deviner.

54

Retrouver une carte

Sélectionnez plusieurs cartes et choisissez-en une, étalez-les devant vous et tentez de retrouver celle que vous aviez choisie. Faites l'expérience plusieurs fois tous les jours et analysez votre taux de réussite au fil de vos entraînements. Vous verrez que l'intuition se pratique et s'améliore.

Identifier les opportunités

Dans le bus, dans le métro ou encore au sein d'un groupe de gens inconnus, essayez de percevoir instinctivement de quelle personne vous pourriez vous rapprocher, où il est plus judicieux de s'asseoir afin de créer de belles rencontres. Au début vous vous tromperez souvent, mais une fois votre intuition bien aiguisée, vous serez un véritable radar à opportunités !

Observer les messages de l'univers

Lorsque l'on s'ouvre aux possibilités et que notre champ de perception s'élargit, la magie de l'univers peut alors se manifester. Observez les signes et les messages cachés que vous recevez dans votre quotidien : un texte dans un magazine, une rencontre inattendue, une musique qui passe à la radio, une découverte qui résonne directement avec vos interrogations du moment… Vos petits anges gardiens ont de nombreuses façons de communiquer avec vous. Il suffit de poser les bonnes questions et de demander clairement une réponse pour pouvoir observer dans les jours suivants de nombreuses synchronicités, des signes qui pourront alors vous guider !

Les synchronicités, qu'est-ce que c'est ?

Cela commence par l'histoire du psychothérapeute Carl Gustav Jung. Une de ses patientes avait tendance à trop rationaliser ce qui lui arrivait, rendant son analyse difficile. Un jour, elle raconte un rêve dans lequel elle reçoit un scarabée d'or. Au même moment, un scarabée vient se cogner contre la fenêtre. Le choc ressenti par la patiente constitua un déblocage mental permettant la poursuite de sa thérapie. Une synchronicité est une coïncidence qui n'en est pas une, c'est un message. Plus vous serez ouverte spirituellement et plus vous serez en mesure de comprendre ce que l'univers essaie de vous dire.

La magie des oracles

Maintenant que vous êtes adepte des cristaux et savez qu'il n'y a rien de farfelu à cela, vous pouvez envisager de nouveaux compagnons pour votre développement personnel : les oracles ! Différents du tarot de Marseille classique, ces jeux de cartes n'ont rien de sorcier comme on pourrait le penser et nul besoin de s'appeler Madame Irma pour utiliser ces précieux outils. Il en existe une multitude sur différentes thématiques que vous pouvez vous procurer en ligne, dans des librairies bien-être ou alternatives. Certains sont axés sur le féminin, les animaux symboliques, les chakras, etc.

Comment faire ?

Afin d'obtenir des signes et demander des réponses claires à l'univers, installez-vous confortablement avec vos cristaux près de vous et amusez-vous à prendre un oracle au choix : posez votre question et observez les réponses. Vous serez surprise de constater que les messages sont toujours adaptés à vos interrogations !

Le tirage sur 3 cartes

Posez une question ouverte, par exemple : « Comment trouver l'homme qu'il me faut ? », puis tirez 3 cartes : la première représentera les influences de votre passé, la deuxième le présent, la troisième ce que vous pouvez développer dans le futur.

Le tirage sur 5 cartes

Posez une question ouverte, par exemple : « Comment trouver un nouveau travail qui me plaît ? », puis tirez 5 cartes : la première représentera les énergies du présent, la deuxième les obstacles à franchir, la troisième les défis que cela soulève, la quatrième les éléments à développer pour atteindre votre but et la cinquième l'issue envisageable si vous traversez ces étapes.

Comment ça marche ?

Les oracles ne sont pas prédictifs, ils sont un support qui vous permet de vous poser des questions, de réfléchir et ainsi mettre en place des actions dans votre vie afin d'en observer les résultats. De vrais guides ! Ils vous reconnectent à votre inconscient pour que celui-ci vous délivre des messages.

Je veux développer ma conscience spirituelle

Qu'est-ce que cela veut dire ?

Ouvrir sa conscience spirituelle, c'est accepter, comprendre et appréhender des concepts nouveaux tels que les énergies subtiles, non visibles à l'œil nu. Développer sa conscience spirituelle permet d'élargir son champ de compréhension, d'abaisser ses barrières et limitations. Elle vous permet de vous ouvrir à la magie présente partout autour de vous et à de nouveaux domaines d'exploration : les expansions de conscience utilisées en hypnose ou dans le chamanisme, la circulation de l'énergie dans le corps dont on parle en acupuncture ou en yoga…

Quels en sont les bénéfices ?

Grâce à ce nouveau regard, vous vous sentirez plus connectée au monde et plus en harmonie avec lui. C'est une vraie démarche de développement personnel, car cela vous permettra de découvrir des parties de vous que vous ne soupçonniez même pas, de grandir, de comprendre ce que vous devez développer ou corriger dans votre personnalité afin de vous sentir alignée dans votre quotidien et d'œuvrer pour le monde.

Mes pierres pour développer ma conscience spirituelle

Grâce aux cristaux, vous pourrez accepter plus facilement ce qui s'offre à vous, dépasser vos croyances cartésiennes et percevoir des subtilités que vous n'auriez pas remarquées auparavant, trouver votre mission de vie.

Aigue-marine : pour me sentir inspirée par la vie

Ce joli cristal strié bleu très clair protégeait autrefois les marins pendant leurs voyages en mer. Il permet d'éliminer les émotions stagnantes et encourage l'optimisme face à ce que nous présente la vie. Il vous aidera à transmettre vos idées au monde, de façon créative, de trouver votre voie, de sentir ce qui vous anime et de vous reconnecter avec votre âme. Cette pierre vous encourage à vous réaliser pleinement, à vous connecter aux autres et à utiliser tout votre potentiel pour œuvrer de manière profonde pour la conscience collective.

En pratique : l'ikigai
Prenez une feuille et un stylo, dessinez 4 cercles qui s'entrecroisent et notez dans chacun des cercles :

- Ce que vous aimez
- Ce pour quoi vous êtes douée
- Ce pour quoi vous pouvez être payée
- Ce dont le monde a besoin

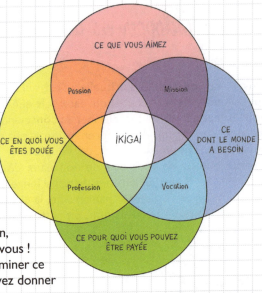

L'espace central créé par l'intersection des 4 cercles, le croisement entre ces 4 questions, est votre ikigai, c'est-à-dire votre mission de vie. Cet exercice venu du Japon permet de réfléchir à votre passion, votre profession et votre vocation, pour être parfaitement alignée avec qui vous êtes dans tous les domaines de votre vie. C'est un guide pour être heureuse, pour trouver sa juste place dans la vie. Attention, l'ikigai évolue au fil du temps, tout comme vous ! Trouver votre ikigai vous permettra de déterminer ce qui vous anime et la direction que vous pouvez donner à votre vie.

Labradorite : pour dépasser mon esprit cartésien

Cette merveilleuse pierre aux mille reflets symbolise la protection et est souvent surnommée le « cristal du thérapeute » pour ses propriétés à éveiller l'empathie et transformer l'énergie négative en énergie positive. Elle encourage à accepter des idées nouvelles et accroît la capacité d'élargir la conscience au-delà du normal. Si vous êtes encore sceptique face à certaines théories proposées dans ce cahier, la labradorite sera idéale pour vous permettre de dépasser vos croyances limitantes et ouvrir votre vision sur de nouvelles possibilités subtiles.

En pratique : la demande à l'univers

Cet exercice permet de mettre en application la loi de l'attraction, de transmuter les énergies de vos pensées afin de les matérialiser concrètement. Installez-vous avec votre labradorite à proximité, elle vous aidera à réussir l'exercice. Prenez une feuille et notez ce que vous aimeriez voir se manifester dans votre vie. Non par manque ou par peur, mais plutôt par bienveillance et optimisme. Imaginez que ces choses sont à votre portée et qu'il ne tient qu'à vous de les réaliser. Si vous souhaitez plus d'abondance, écrivez que vous êtes prête à la recevoir dans la gratitude et non par manque ou peur. Une fois terminé, pliez la feuille et mettez-la dans une enveloppe. Puis postez votre lettre sans destinataire, simplement pour la symbolique et l'ancrage de l'action. Dans le mois qui suit, observez les signes, les synchronicités (les coïncidences qui n'en sont pas vraiment) et voyez ce qui se présente à vous. La magie est partout…

Celestite : pour me sentir connectée aux plans subtils

Appelé aussi célestine, ce merveilleux cristal ressemble au quartz blanc mais il se différencie par ses légers reflets gris bleuté.

En Inde, sa poudre est jetée dans le feu pour le raviver et le colorer d'un rouge intense. Elle symbolise l'ouverture aux nouveaux points de vue et dévoile les énergies invisibles. Elle permet de faire le silence en soi, accroît l'intuition et offre une inspiration spirituelle pendant les méditations. Si vous souhaitez avoir des révélations et vous sentir connectée avec vos guides ou autres anges gardiens, c'est la pierre qu'il vous faut !

En pratique : le test de l'énergie

Afin de percevoir le corps éthérique d'une personne, faites le test avec une amie ! Prenez votre cristal dans la main droite, puis placez-vous face à elle. Fermez les yeux et approchez votre main gauche dans sa direction, à la verticale. Tentez de ressentir son enveloppe énergétique, vous pourrez ressentir de la chaleur, du froid, des picotements ou encore une densité dans l'air. Éveillez vos perceptions et ouvrez-vous aux possibilités !

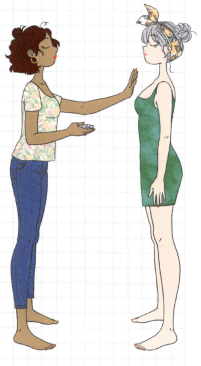

Je m'alimente de façon éthique

Être en accord avec vos valeurs et développer une conscience élevée grâce à vos cristaux s'accompagne d'une hygiène de vie. Il serait incohérent, par exemple, de pratiquer des rituels avec vos pierres et de consommer de la viande de façon irraisonnée. Afin de baisser votre empreinte écologique, consommez biologique dès que vous le pouvez, mangez des aliments vivants et frais, supprimez les produits préparés industriels et tentez de faire vivre les petits producteurs locaux. Plus votre alimentation sera éthique et plus votre conscience spirituelle se développera, car au fond, tout est lié !

Ma fleur de Bach spéciale conscience spirituelle : crab apple (pommier sauvage)

Le pommier sauvage est connu comme un remède de purification. C'est la fleur idéale pour dépasser les schémas mentaux figés et les croyances limitantes qui pourraient vous empêcher de vous ouvrir aux plans spirituels. Diluez 4 gouttes dans un verre d'eau 3 fois par jour pendant 3 semaines.

Mes huiles essentielles pour me sentir en harmonie avec moi-même et avec le monde

Afin d'harmoniser vos chakras et de retrouver la paix intérieure, mélangez 1 goutte d'huile essentielle de nard de l'Himalaya (on dit qu'il harmonise les énergies), 5 gouttes de laurier noble (qui booste son estime de soi) et 10 gouttes d'huile essentielle de lavande (apaisante et réconfortante) dans 10 ml d'huile végétale de votre choix (chanvre, noisette ou abricot, par exemple). Massez-en votre plexus solaire ainsi que la plante de vos pieds matin et soir, pendant une semaine.

Chapitre 5

Je me reconnecte au féminin sacré en moi

Vos cristaux vous chouchoutent dans tous les domaines ! Ils vous aident aussi à prendre votre place de femme dans le monde, à être fière de votre féminité, à l'incarner dans tous ses aspects : dans votre façon d'être, vos émotions et votre corps. Bref, à vous reconnecter au féminin sacré et à la femme sauvage en vous !

Le féminin sacré, qu'est-ce que c'est ?

Le féminin sacré constitue notre essence féminine, non pas comme les critères sociétaux et culturels le véhiculent. Le féminin sacré n'est pas un genre ou une manière d'être. Il s'agit d'une énergie présente en chaque femme… et chaque homme ! De grands hommes sont connectés à cette expression du féminin sacré, le Dalaï-lama par exemple, dans sa bienveillance et son œuvre pour la paix. Ce féminin sacré ne se caractérise pas par une façon de s'habiller, de se maquiller ou de travailler mais bien par cette essence que nous portons tous, se manifestant au monde par des qualités essentielles telles que l'accueil, la douceur, la sensibilité, l'amour inconditionnel, le lâcher-prise ou encore la créativité. Bref, des qualités maternelles de création, de vie et d'amour !

Girl power !

En vous reconnectant au féminin sacré, à votre nature profonde, vous incarnez une essence féminine assumée, forte et rayonnante. C'est merveilleux car vous retrouvez votre puissance !

Je vis pleinement mes cycles et leurs fluctuations !

Retrouver votre nature divine et sacrée, c'est vivre pleinement en vous les cycles de la vie et des saisons. Notre cycle menstruel dure aussi longtemps que les phases de la Lune, c'est pourquoi les traditions anciennes comme l'ayurveda croient que les femmes et la Lune sont liées. Ainsi, connectées au monde par la Lune, nous vibrons au gré des fluctuations énergétiques de la nature. Les règles sont perçues comme un grand nettoyage chaque mois, nous permettant de renaître pour mieux vivre chacune des étapes du cycle suivant.

Toutes les femmes de ta vie en moi réunies...

Ces 4 étapes dans le cycle, avec 4 énergies différentes, laissent émerger plusieurs facettes de vous. Comprendre que vous êtes reliée à ces énergies de guérisseuse, de magicienne ou de guerrière vous permettra d'intégrer les différents archétypes de femmes qui se trouvent en vous, afin de les éveiller au fil de vos cycles lorsque vous en ressentez le besoin. Il n'y a rien de mystique dans tout cela, il s'agit simplement d'écouter vos émotions, votre corps et votre esprit pour vous sentir unie aux forces de l'univers.

Quel est le lien avec les cristaux ?

Les pierres possèdent différentes énergies : douces, puissantes, lunaires, solaires ou encore protectrices. Les cristaux seront donc vos meilleurs alliés afin de mieux vivre votre cycle menstruel et d'apaiser vos douleurs physiques, mais également d'harmoniser vos émotions lorsque les phases lunaires influent sur votre psychisme. Ce sont des bijoux à porter et à utiliser au gré de vos envies, une façon subtile de vous reconnecter à votre essence divine, où que vous soyez et quoi que vous fassiez.

Test : Comment s'exprime ma part de féminité ?

Quand vous êtes avec vos amies, vous êtes :
- ■ Celle qui fait tout le temps des blagues.
- ● Celle qui sait écouter et conseiller.
- ▲ Celle qui réconforte par sa présence.

Au lit avec Jules, vous :
- ■ Prenez les devants.
- ▲ Préférez vous laisser guider.
- ● Pouvez être câline et joueuse.

Votre tenue préférée pour sortir :
- ▲ Une tenue sobre mais efficace.
- ● Une belle robe noire et des talons.
- ■ Un joli haut rouge et un décolleté plongeant.

Les bijoux et vous, c'est :
- ■ Une bague à tous les doigts, collier et boucles d'oreilles, toujours !
- ▲ Un collier discret et basta !
- ● Cela dépend de mes envies.

En soirée, votre passe-temps favori :
- ■ Repérer les beaux garçons.
- ▲ Faire des blagues à tout-va.
- ● Discuter avec vos amies.

Vos vacances idéales :
- ▲ Lire tous les livres que vous avez en attente.
- ■ Sortir tous les soirs et faire la fête.
- ● Profiter de la plage et boire des cocktails.

Les photos et vous :
- ■ Vous adorez ça, cela vous amuse !
- ● Vous aimez bien si vous pouvez contrôler le rendu.
- ▲ Très peu pour vous, c'est une plaie.

Si vous pouviez incarner une icône célèbre :
- ● Audrey Hepburn pour sa classe.
- ■ Penélope Cruz pour son exotisme envoûtant.
- ▲ Brigitte Bardot pour son engagement.

Faites les comptes!

●	■	▲

JE ME RECONNECTE AU FÉMININ SACRÉ EN MOI

Vous avez une majorité de ■ : *Vous êtes solaire.*

Vous rayonnez de féminité, on ne remarque que vous. Vous n'avez pas peur de vous exposer et d'incarner pleinement votre sensualité, de prendre votre place de femme et de goûter à sa puissance. Lorsque vous vous rendez quelque part, les regards sont généralement tournés vers vous et cela vous plaît. Vous avez un tempérament de feu, parfois impulsif et n'avez pas peur d'exprimer ce que vous pensez. Malheureusement ce caractère explosif et intense peut parfois entraîner des émotions fortes comme de la colère ou de la frustration. Lorsque le cycle lunaire ou votre cycle personnel se trouvent dans des énergies puissantes, il sera important pour vous d'apprendre à utiliser vos cristaux et à vous adapter afin d'apaiser ces montagnes russes émotionnelles.

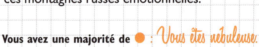

Vous avez une majorité de ● : *Vous êtes nébuleuse.*

Véritable caméléon de la féminité, vous alternez les phases d'introversion et d'extraversion, au fil de vos humeurs et de vos envies. Vous savez vous mettre en avant et renforcer votre pouvoir personnel lorsque c'est nécessaire, mais vous êtes aussi une femme sensible et sujette aux périodes de retrait. Vous incarnez à la fois la femme sauvage et la femme enfant, au gré de vos expériences et émotions. Cette alternance vous entraîne parfois dans des tourbillons que vous ne maîtrisez pas toujours, et votre sensibilité suit les fluctuations des phases lunaires ainsi que votre propre cycle menstruel. Les cristaux vous permettront d'harmoniser vos énergies afin de les adoucir lorsque vous vous sentez malmenée, ou au contraire de vous redynamiser lorsque vous vous sentez épuisée.

Vous avez une majorité de ▲ : *Vous êtes lunaire.*

De nature plutôt réservée, vous n'êtes pas de celles qui en font des tonnes. Vous incarnez un féminin discret, doux et parfois rêveur. Vous n'aimez pas forcément vous mettre en avant et préférez observer la scène de loin, tranquille. Vous ne chassez pas les hommes, vous préférez entrer dans un échange profond et intéressant avec eux plutôt que les séduire coûte que coûte. Cette pudeur peut parfois vous jouer des tours, vous laisser à l'écart du groupe. Il vous est difficile de trouver votre place. Vous n'avez pas l'habitude d'exprimer vos émotions, et la solitude peut vous entraîner dans de la mélancolie. Lorsque le cycle lunaire ou votre cycle personnel se trouvent dans des énergies d'introspection, il sera important pour vous d'apprendre à utiliser vos cristaux et à vous adapter afin de vous ressourcer. À l'inverse, lorsque les énergies sont fortes, vous aurez la capacité d'affronter les défis dans le calme et la sérénité.

Je me synchronise avec le cycle lunaire

Comment la Lune nous influence-t-elle ?

Les phases lunaires guident les hommes depuis des millénaires et notre calendrier mensuel actuel en est un bel exemple, car chaque mois équivaut approximativement à la longueur d'un cycle. La Lune est le seul satellite que possède la Terre, faisant un quart de sa taille mais n'ayant pas moins d'influence que les autres planètes. La gravité lunaire influence directement notre Terre, provoquant ainsi les marées des océans, allant jusqu'à influer sur les niveaux des lacs, le cycle d'ouverture des huîtres et la migration des anguilles dans les cours d'eau.

Comprendre le cycle lunaire

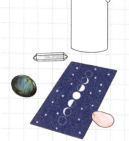

Un cycle lunaire correspond au temps que met la Lune pour faire le tour de la Terre de l'est à l'ouest. Un cycle lunaire compte 28 jours mais nous pouvons l'observer pendant 29,5 jours sur Terre. La nouvelle lune marque le début d'un cycle, elle est ensuite croissante et se dévoile de plus en plus dans le ciel. Puis survient la pleine lune, ronde et lumineuse au milieu du cycle, pour terminer par décroître et revenir à son apparence initiale, disparaissant ainsi dans le ciel afin de pouvoir renaître au prochain cycle.

Pendant la nouvelle lune : jours 1 à 7

La nouvelle lune – aussi appelée lune noire car, se trouvant sur l'axe entre le Soleil et la Terre, elle est invisible dans le ciel – est considérée comme le premier jour du cycle lunaire. Elle représente l'énergie du retour à la Terre pour pouvoir renaître. Elle peut parfois faire ressortir un sentiment de solitude ou une envie d'être seule. Elle correspond à une énergie plutôt matinale, ce qui peut vous aider à vous réveiller plus tôt. C'est la période idéale pour méditer, vous reconnecter à vous-même, vous reposer, ouvrir vos perceptions subtiles et écouter davantage vos émotions profondes.

Quartz rose : pour apaiser mon cœur

Celle belle pierre rose pâle symbolise l'ouverture du cœur, conférant ainsi plus de confiance et d'amour. Elle vous permettra d'éliminer le stress

65

émotionnel afin de démarrer cette nouvelle lune comme une page blanche, vierge des blessures du passé. Ce cristal apportera la douceur dont vous avez besoin dans cette phase d'introspection et de repos, afin de vous régénérer et démarrer un cycle dans l'amour inconditionnel.

Mes rituels bien-être

Démarrer une nouvelle activité ou un projet

Choisissez un cristal rouge, symbole de dynamisme et d'énergie, puis placez-le sur votre cœur. Prenez plusieurs grandes respirations et calmez votre mental. Puis demandez-vous ce que vous aimeriez faire de nouveau ou quel projet vous motive pour la nouvelle phase à venir. Avant même qu'une peur ou une croyance intervienne, laissez germer l'inspiration en vous et observez ce qui vient.

Participer à un cercle de femmes

La nouvelle lune est le moment idéal pour déposer les peines et blessures que vous souhaitez laisser derrière vous et formuler vos intentions pour le mois à venir. Un cercle de femmes est l'endroit idéal pour cela, car chacune peut s'exprimer librement et sans jugement, dans une énergie bienveillante commune à toutes. Essayez de trouver un cercle dans votre ville, et si cela n'existe pas il ne tient qu'à vous d'en organiser un avec des femmes de votre ville, ou tout simplement vos amies !

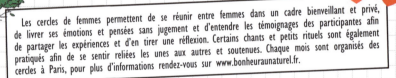

Les cercles de femmes permettent de se réunir entre femmes dans un cadre bienveillant et privé, de livrer ses émotions et pensées sans jugement et d'entendre les témoignages des participantes afin de partager les expériences et d'en tirer une réflexion. Certains chants et petits rituels sont également pratiqués afin de se sentir reliées les unes aux autres et soutenues. Chaque mois sont organisés des cercles à Paris, pour plus d'informations rendez-vous sur www.bonheuraunaturel.fr.

Poser ses intentions et capter les énergies du mois à venir

Afin de capter les énergies du mois et de les placer dans vos intentions mensuelles, préparez votre petit rituel de nouvelle lune. Prenez quelques instants pour calmer votre mental et vous connecter à votre intuition. Accompagnez-vous de cristaux mentionnés dans le chapitre 4 si vous le pouvez et d'un oracle de votre choix (voir p. 57). Allumez une bougie, faites brûler un peu de sauge pour purifier l'espace et placez votre oracle devant vous. Mélangez le jeu, puis choisissez une carte et posez-la devant vous. Cette carte symbolise

Reportez-vous au livret qui accompagne votre jeu de cartes afin de faire votre interprétation.

l'énergie avec laquelle vous pourrez travailler les prochaines semaines. Par exemple, une invitation au lâcher-prise, à développer votre sensibilité ou à ralentir pour vous retrouver. Vous pouvez également faire ce rituel avec plusieurs oracles afin d'obtenir un mélange de symboles et de messages que vous pourrez conserver en tête le reste du mois.

Pendant la lune croissante : jours 8 à 14

La lune croissante se situe entre la nouvelle et la pleine lune. C'est une période où l'on se sent plus forte, plus ouverte aux autres, où l'on a plus d'énergie physique. Cette lune symbolise l'énergie nouvelle, dynamique et enjouée, généralement à son maximum vers midi, puis augmentant au fil que la journée. C'est le bon moment pour dépasser les schémas qui se répètent dans votre vie afin d'évoluer. Cette phase vous procurera la force nécessaire pour débuter tous vos projets, organiser, ranger, trier, établir des plans d'action et vous lancer dans une nouvelle étape.

Aventurine : pour lancer mes projets

Pour les Tibétains, cette pierre verte accroît la perception et améliore la vue. Elle encourage les perspectives positives afin de pouvoir se lancer dans de nouveaux projets de manière optimiste. C'est une pierre stimulante, elle donne de l'énergie, stimule la créativité, aide à la prise de décision et à l'élaboration de nouvelles perspectives. L'aventurine possède également le pouvoir d'ouverture du chakra du cœur et de sociabilité, afin de créer de nouveaux liens solides et de s'entourer de personnes bienveillantes qui seront bénéfiques.

Mes rituels bien-être

Rédiger des listes

C'est le moment de vous organiser ! Munissez-vous d'un cristal jaune comme la citrine, la pierre de soleil ou le quartz jaune, pour booster votre confiance en vous et veillez à ne pas être dérangée. Prenez votre planning pour le mois à venir et organisez vos semaines. Listez vos prochaines courses, les impératifs administratifs par ordre de priorités, les rendez-vous que vous devez prendre, etc. Prenez également quelques instants pour planifier les prochaines étapes de vos projets afin d'atteindre vos objectifs et organisez une escapade en France ou à l'étranger afin de souffler un peu lorsque cette période dynamique sera passée.

Contacter une personne nouvelle

C'est la période idéale pour contacter cette personne dont vous avez la carte de visite depuis un petit moment. Qu'il s'agisse d'un jeune

homme rencontré dans la rue, d'un thérapeute dont on vous a vanté les mérites ou encore d'un contact professionnel qui peut vous faire évoluer, n'attendez plus pour passer à l'action !

Pendant la pleine lune : jours 15 à 21

La pleine lune se trouve au milieu du cycle lunaire. C'est le moment d'apogée de l'énergie. Elle est associée à la créativité, à la clarté, à l'action et à la concrétisation des désirs. Elle possède un grand pouvoir de réalisation ! On se sent généralement plus sociable, on aime partager nos idées, enseigner aux autres et faire partie d'un projet de groupe. Notre pic d'énergie survient plutôt tard en

journée et la nuit, d'où quelques troubles du sommeil pour certaines. C'est un moment d'ouverture à la spiritualité et au partage avec d'autres personnes. Les émotions sont amplifiées et parfois plus difficiles à contrôler. Vous pouvez vous sentir profondément agitée, secouée ou encore sensible, mais ce n'est que pour vous diriger dans une nouvelle phase de votre vie.

Célébrer la pleine lune

La pleine lune est le moment idéal pour organiser un dîner entre amis ou en famille. Dans l'esprit de Thanksgiving, c'est une période propice aux bénédictions, afin de savourer le point culminant de ce mois lunaire. Les émotions sont amplifiées et il est important de se retrouver dans un cocon chaleureux afin de pouvoir transformer les énergies parfois lourdes en sentiments positifs et légers. Profitez-en pour cuisiner de saison, chaud en hiver et frais en été, allumez quelques bougies et proposez à vos invités de chanter et danser afin de libérer le trop-plein d'énergie qui se trouve en nous à ce moment-là.

Pierre de lune : pour me connecter à l'énergie lunaire

Nul besoin d'explications pour ce nom merveilleux qui lui va si bien ! Cette lumineuse pierre nacrée symbolise les cycles de la vie, elle possède le pouvoir de la lune et de l'eau ainsi que de la déesse féminine par excellence. Elle est associée à la fertilité, au flux et à la croissance vitale. Elle vous permettra de stabiliser vos émotions fortes durant ces quelques jours et vous aidera à créer des liens avec votre environnement. Enfin, elle renforce l'intuition et l'imagination, très impliquées durant cette phase lunaire, pour que vous puissiez vous connecter à votre puissance créative féminine.

Mes rituels bien-être

Faire un gommage du corps

Afin de vous libérer des peaux mortes et des énergies inutiles, appliquez un gommage naturel (4 c. à s. de miel et 2 c. à s. de sucre en poudre) sur tout votre corps et laissez reposer un instant, allongée dans la baignoire. Le nettoyage superficiel de la peau permet de se libérer de ce dont vous n'avez plus besoin, physiquement et énergétiquement. Pendant ce temps, méditez : fermez les yeux et respirez profondément, puis expirez le négatif et inspirez la joie. Rincez-vous à l'eau chaude, puis terminez par de l'eau froide sur les jambes afin de faire circuler les liquides dans votre corps. Buvez également beaucoup d'eau et d'infusion pour compenser la déshydratation due à l'intensité de cette pleine lune.

Méditer avec la Lune

Afin de vous relier aux énergies de la Lune, installez-vous dans votre jardin ou sur votre balcon, sous sa douce lumière. Si cela n'est pas possible, placez-vous près d'une fenêtre. Prenez votre cristal favori en main, celui dont vous avez besoin à ce moment-là. Fermez les yeux et visualisez cette merveilleuse boule blanche. Respirez profondément et comptez vos respirations en imaginant que chacune d'elles vous rapproche un petit peu plus de l'astre lunaire. Connectez-vous à vos sensations. Quelles émotions vous traversent et que ressentez-vous dans votre corps ? Cet instant permet de mieux discerner ce qu'il se passe en vous, en développant votre intuition. Imaginez enfin le haut de votre tête directement connectée à la Lune grâce à un fil argenté. Restez quelques instants dans cet état méditatif et intégrez les énergies puissantes que vous êtes capable de capter.

Pendant la lune décroissante : jours 22 à 28

C'est la dernière phase, elle se situe entre la pleine et la nouvelle lune. Elle est associée aux profondeurs de notre intuition, à notre subconscient et à nos peurs ou nos espoirs. Vous pourrez ressentir que votre sensibilité et votre empathie à l'égard des autres sont amplifiées. Votre énergie sera changeante, vous vivrez peut-être des montagnes russes émotionnelles. Prenez le temps nécessaire, au calme, pour vous ressourcer. Vous recherchez davantage l'introspection et il se

peut que vous vous remettiez souvent en question. Ce n'est pas le meilleur moment pour s'engager dans un projet, un investissement ou une relation, apprenez à prendre du recul, surtout quand on sait que c'est une phase où vous serez davantage sujette aux pulsions et aux envies !

Agate mousse : pour accueillir mes émotions

Véritable cadeau de la nature, cette pierre ressemble à une douce mousse de forêt concentrée dans un cristal. Elle vous permettra d'accueillir les émotions et les réflexions de ce cycle. Elle aide à détendre, ouvrir les zones congestionnées et libérer les émotions refoulées sur lesquelles on refuse de lâcher prise. Elle accroît l'optimisme et stimule la vision de son propre potentiel, que l'on tend à diminuer pendant cette période introspective.

Mes rituels bien-être

Marcher dans la nature

Afin de vous décharger des énergies du mois lunaire approchant de sa fin, rien ne vaut une belle marche en forêt, au bord d'un lac ou sur une plage. Vous relier aux éléments naturels vous permettra de vous purifier, de libérer toutes les tensions et pensées négatives. Profitez-en pour prendre vos cristaux (l'agate mousse ou une autre en fonction de vos besoins) en poche afin d'en ressentir les bénéfices.

Se faire masser

Pour mettre en circulation les toxines dans le sang et la lymphe, pensez à vous faire masser. La période est idéale, cela vous permet de vous faire du bien, de libérer les émotions stagnantes et de vous reconnecter à votre corps. Vous pouvez additionner l'huile de massage (abricot ou noisette) de quelques huiles essentielles pour vous détendre, telles que la lavande ou encore le petit grain bigarade. Zénitude garantie !

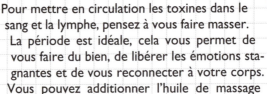

Faire son état des lieux

Cette phase du cycle lunaire est le bon moment pour faire le point sur le mois écoulé. Prenez une pierre violette comme l'améthyste ou blanche comme le quartz clair afin d'intensifier votre vision et notez ce qui vous a rendue triste, ce qui a boosté votre confiance en vous, ce qui vous a enseigné des choses sur vos mécanismes de fonctionnement, ce qui vous a inspirée… Cet exercice vous permettra de faire un bilan, de prendre du recul afin de voir comment améliorer les actions qui n'ont pas porté leurs fruits ou prolonger celles qui ont fonctionné lors du prochain cycle.

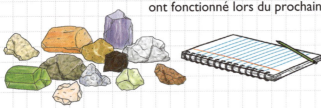

Je vis pleinement mon cycle menstruel

Nos rythmes biologique, endocrinien et hormonal sont régulés de façon cyclique. Vous n'avez pas la même énergie selon les 4 périodes, vous ne pouvez donc pas vivre de la même manière. Intégrer en conscience votre cycle personnel permet de déculpabiliser, de vous autoriser à vivre différemment et pleinement ces fluctuations. Votre corps traverse des épisodes de nettoyage, d'énergie créatrice ou encore d'introspection auxquels il est important de s'adapter afin de ne pas nager à contre-courant, se sentir frustrée ou fatiguée inutilement. À l'aide des explications suivantes et de vos pierres, vous pourrez vivre votre cycle menstruel de manière plus détendue et joyeuse !

Je suis mes énergies !

Notre cycle impacte directement nos émotions, nos pensées et notre organisme. Il nous influence donc très fortement et sur différents plans. Vous n'avez pas la même énergie physique selon les phases, vous pouvez être triste ou joyeuse et ne pas envisager de la même manière les expériences que vous vivez. Certains jours seront donc dédiés au repos et à la créativité tandis que d'autres seront plus adaptés à la mise en place et la structuration de votre travail. Tout comme la Lune ou les saisons, les énergies ne sont pas les mêmes. Plus vous comprendrez ce qu'il se passe en vous et plus vous pourrez en tirer parti.

Les règles sont un outil puissant !

Dans notre société moderne, nous avons tendance à assimiler les règles à un passage obligatoire et désagréable. Le sujet a longtemps été tabou, source d'inconfort, de colère et de frustration. Or il s'agit de votre boussole intérieure vous permettant de vivre un rythme cyclique et non linéaire comme le voudrait le monde dans lequel nous évoluons. Vous n'êtes pas une machine programmée pour être toujours au top, vous avez, comme les ours en hibernation ou les arbres nus en hiver, besoin de vous nettoyer et de vous reposer avant de pouvoir renaître. Accepter cette partie de vous-même avec bienveillance vous permettra de vivre en harmonie avec vos saisons intérieures. Résultat : plus de sérénité, de bien-être et de confiance en vous !

Mes 4 saisons…

Vous ne vivez pas de la même manière en été et en hiver n'est-ce pas ? Eh bien, c'est la même chose pour votre cycle menstruel. Vous ne pouvez pas demander à votre corps d'être hyperactif pendant vos règles et vous aurez du mal à méditer et à ne rien faire pendant votre phase ovulatoire. La meilleure façon de tirer parti de ce processus en vous est de comprendre ces phénomènes afin de vous y adapter avec justesse. Vous verrez, accepter votre nature cyclique est un réel bonheur ! Il y a plusieurs femmes en vous, et vivre pleinement les phases de vos cycles permettra de laisser émerger chacune de ces femmes et de puiser leurs forces !

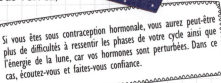

Si vous êtes sous contraception hormonale, vous aurez peut-être plus de difficultés à ressentir les phases de votre cycle ainsi que l'énergie de la lune, car vos hormones sont perturbées. Dans ce cas, écoutez-vous et faites-vous confiance.

Pendant mes règles : jours 1 à 7

Les énergies en place : je me repose avant de renaître

Dans le cadran lunaire, cette phase correspond à la lune noire (voir p. 65), un moment propice au retrait, un temps pour être à l'écoute de soi et de son corps. Cette période permet d'équilibrer intuition et intellect. Souvent considérée comme une plaie dans notre société moderne, c'est pourtant un moment de pouvoir et de renaissance (on accepte et on intègre des changements). Dans la tradition amérindienne, les femmes se retiraient dans une « *moon lodge* » pendant 4 jours, loin des hommes, afin d'utiliser leur pouvoir féminin intuitif et créateur, à travers des « visions » qu'elles recevaient à ce moment-là. Cette phase symbolise la fin d'un cycle et un grand nettoyage afin d'accéder à une nouvelle étape, il est donc important d'accueillir cette renaissance mensuelle.

Le découpage du cycle proposé ci-dessous est fait sur 28 jours. Si votre cycle est plus court ou plus long, aucun problème : adaptez les conseils en fonction de votre propre timing intérieur. Fiez-vous à vos sensations !

Pourquoi je me sens comme ça ?

Votre corps possède moins d'énergie physique, votre ventre et votre poitrine peuvent être gonflés à cause de ce qu'il se passe dans votre utérus et vous avez besoin de davantage de sommeil. Le processus de

nettoyage pendant les règles mobilise de nombreux organes et processus cellulaires, c'est un phénomène intense qu'il faut apprendre à accepter en ralentissant et non combattre. Vous pourriez bien devenir distante, plus portée alors sur les rêveries et les éléments subtils qui émergent des profondeurs de votre être. L'empathie extrême éprouvée à ce moment-là peut parfois être difficile à vivre, et vous pouvez ressentir le besoin d'exprimer vos sentiments amoureux et affectifs plus que d'habitude.

Si je suis solaire...

Cette phase d'introspection vous force à vous reposer et à ralentir le rythme. Ne combattez pas ce qu'il se passe en vous, accueillez-le. Votre corps est en train de se purifier, et c'est un véritable cadeau de la nature. Profitez-en pour passer du temps seule pour lire, prendre un bain avec des bougies, écouter de la musique ou encore regarder des séries, en tête à tête avec vous-même. Vous reprendrez votre quotidien de femme active d'ici quelques jours.

Votre exercice : Méditez pendant 15 minutes et concentrez-vous sur votre respiration. Puis prenez un stylo et notez vos ressentis après cette pause que vous ne vous accordez que rarement. Cet exercice vous forcera à ralentir et à prendre quelques minutes pour vous, à vous reconnecter à vos émotions et sensations que vous avez parfois tendance à refouler.

Si je suis nébuleuse...

Ce qu'il se passe en vous éveille peut-être des émotions conflictuelles ou contradictoires, vous vous sentez fatiguée et ne savez pas où donner de la tête. Acceptez de lâcher prise face aux sensations de fatigue et d'impuissance, pendant ces premières 48 heures ; la priorité, c'est vous et votre bien-être. Massez-vous doucement les pieds et apprenez à vous offrir de l'amour. Passez du temps avec vos cristaux et ralentissez votre rythme. Visualisez ce qui s'échappe de vous comme une bénédiction, listez tout le négatif du mois en train de disparaître afin de laisser la place à de nouvelles opportunités.

Votre exercice : Listez sur un papier toutes les expériences négatives du mois passé que vous souhaitez oublier. Puis déchirez la feuille en morceaux et brûlez-la. Cela vous permettra de vous libérer de toutes les émotions bloquées qui peuvent vous encombrer afin de faire le vide.

Si je suis lunaire…

Difficile pour une introvertie de passer par une phase d'introspection ! Vos émotions sont amplifiées, votre empathie est démultipliée et vous n'avez qu'une envie : qu'on vous laisse tranquille. Apprenez à exprimer ce que vous ressentez à votre entourage pour ne pas les laisser confus. Prenez le temps de vous reposer et d'accueillir ce qu'il se passe en vous. Votre capacité à rentrer en vous sera d'une grande aide pour vous connecter à vos forces créatives, que vous pouvez utiliser à bon escient pendant cette phase afin de canaliser vos émotions.

Votre exercice : Dessinez, peignez ou sculptez. Vos facultés créatrices doivent être exploitées afin de canaliser les pensées et les émotions de cette phase et leur permettre d'émerger sereinement. Vous vous sentirez plus sereine et en phase avec vos émotions.

Malachite : pour me réconforter

Cette pierre absorbe les énergies indésirables. Posée sur les zones douloureuses, elle sera d'une aide précieuse pour calmer les douleurs menstruelles pendant votre cycle. Elle dissout les peurs et les angoisses inconscientes, favorise la paix intérieure et la compassion. Apaisante, elle vous permettra d'accueillir ce qu'il se passe en vous, dans votre corps et dans votre esprit. Elle encourage et fortifie dans les situations difficiles. Pierre de transformation, elle vous aidera à vous libérer de ce qui n'a plus de raison d'être pour intégrer ce qui peut se développer de neuf.

Apaiser les douleurs grâce aux techniques naturelles

Avec l'aromathérapie

Appliquez sur le bas du ventre un mélange de 3 gouttes d'huile essentielle d'estragon et 3 gouttes de basilic avec 1 c. à c. d'huile végétale (noisette ou abricot par exemple), pour décongestionner et apaiser les gonflements. Massez tout le ventre tendrement pendant quelques minutes. Vous pouvez également visualiser une couleur verte, symbole de

guérison et d'amour. Placez votre cristal de malachite sur votre abdomen et restez quelques instants dans cet état méditatif et calme afin d'intégrer les énergies de la pierre.

Avec un cocon de chaleur

Afin d'apaiser le gonflement de l'abdomen et les douleurs menstruelles, faites infuser 2 ou 3 feuilles de sauge séchée, plante réputée pour son action « œstrogène-like » et buvez cette tisane bien chaude. Placez également une bouillotte sur le bas de votre ventre afin de détendre les tissus, accompagnée d'un cristal. La chaleur va décongestionner et détendre toute cette zone.

Avec la réflexologie

Stimulez le point réflexe de la rate, connu dans la médecine chinoise pour rééquilibrer la circulation du sang et favoriser l'harmonie intérieure. Pour cela, posez 4 doigts au-dessus de l'os de cheville, face intérieure de la jambe, et massez en appliquant une certaine pression autour de cette zone. Cela permettra de diminuer les douleurs menstruelles et de faciliter le nettoyage qui s'opère en vous. Vous pouvez utiliser vos cristaux afin d'effectuer les pressions.

Ma méditation de reconnexion à mon utérus

Le nom peut paraître étrange et pourtant, vous connecter à votre utérus pendant vos règles vous permettra d'apaiser les tensions et de vous sentir en harmonie avec votre corps. Installez-vous confortablement, une bouillotte sur le bas du ventre si vous le souhaitez, et fermez les yeux. Respirez profondément et tentez de relâcher les tensions dans vos bras, votre nuque, vos jambes et le reste de votre corps. Essayez de ne pas penser à la douleur ou aux contractions que vous pouvez ressentir, mais visualisez plutôt une douce chaleur enveloppante dans votre utérus, tout en lui envoyant des pensées d'amour et d'attention. Visualisez ensuite une douce cascade d'eau chaude qui traverse tout votre corps et nettoie votre organisme sur son passage. Restez quelques instants connectée à cette sensation de nettoyage intérieur et, lorsque vous le souhaiterez, revenez à l'instant présent.

Avant mon ovulation : jours 8 à 14

Les énergies en place : je me lance !

Cette phase se situe après les règles et avant l'ovulation. C'est un moment propice pour faire sortir les énergies intérieures au grand jour. C'est une phase où vous pouvez mettre en œuvre dans votre quotidien les inspirations venues à vous pendant les règles. Cette période amplifie la capacité à percevoir les choses en détail, avec précision, et encourage l'indépendance ainsi que la justesse, afin de prendre les bonnes décisions et de savoir trancher si nécessaire.

Pourquoi je me sens comme ça ?

Votre corps nettoyé est désormais plus souple et plus dynamique, il se prépare à la création d'un nouvel ovule et mobilise de nombreuses cellules afin de relancer le système hormonal. Vous ressentez que tout est possible et possédez en vous les capacités de démarrer des projets neufs. Vous reprenez confiance en vous et en vos forces, votre part féminine s'exprime avec joie et vous pouvez avoir envie de séduire, de danser et de vibrer à l'unisson avec un partenaire. De même, votre sociabilité et votre façon de communiquer peuvent vous permettre de créer de nouveaux liens bénéfiques pour votre épanouissement personnel. Votre mental et votre intellect sont plus affûtés, en alerte, et vous avez une vision claire des choses.

Si je suis solaire

Cette nouvelle énergie débordante vous donne envie de déplacer des montagnes et vous vous sentez entière à nouveau. Apprenez à ne pas partir dans tous les sens et à utiliser vos capacités d'organisation du mieux possible pour ne pas être dépassée. Profitez-en pour vous reconnecter avec vos amies. Cela vous nourrira et vous remplira de bonnes ondes pour mettre en place vos projets personnels.

Votre exercice : Planifiez votre mois à venir (courses, administratif, tâches importantes…) afin d'employer cette puissante énergie à bon escient.

Si je suis nébuleuse

Vous retrouvez votre dynamisme et sortez de montagnes russes émotionnelles qui vous ont fatiguée. Profitez de ce moment de renaissance pour reprendre les tâches que vous aviez laissées en suspend, projetez-vous sur le mois à venir et visualisez cette nouvelle étape pleine de joie et de projets enthousiasmants. Concentrez-vous sur toutes les choses que vous aimez pour vous remplir de joie.

Votre exercice : Faites du sport pour vous sentir bien dans votre peau ! Yoga, course, vélo, marche… Choisissez quelque chose qui vous fasse plaisir.

Si je suis lunaire

Votre tempérament introverti s'équilibre avec les énergies d'extraversion de cette période créative. Profitez-en pour faire ce qui vous rend heureuse, vous promener au gré de vos envies, passer du temps avec vos amies ou encore faire du shopping pour vous sentir jolie. C'est le moment idéal pour faire le point sur vos rêves. La rêveuse en vous est très importante, il est primordial que vous sachiez vous reconnecter à elle à chaque début de cycle afin de profiter de l'élan créateur de cette phase pour atteindre vos rêves. Nourrissez vos projets et cherchez toutes les solutions à votre portée afin d'avancer dans la bonne direction.

Votre exercice : Répondez aux questions suivantes : quelles sont les personnes qui vous inspirent ? Pourquoi ? Que pouvez-vous mettre en place dans votre vie pour atteindre vos rêves vous aussi ?

Aragonite : pour me canaliser

Cette pierre sera d'une aide précieuse afin de canaliser toute cette énergie débordante et fraîche qui est en vous pendant cette période. Elle vous recentre et régule vos capacités intellectuelles, afin de gérer au mieux le grand flux d'informations. Elle écarte également l'hypermentalisation et l'impatience afin d'éliminer le stress et de renforcer votre énergie vitale. Elle développe l'intuition et la créativité et ouvrira votre conscience aux options qui se présenteront à vous.

Je rééquilibre mon organisme grâce aux techniques naturelles

Avec l'aromathérapie

L'huile essentielle de menthe poivrée vous permettra de vous recentrer si vous vous dispersez parmi tous vos projets : déposez 1 goutte sur le bas du front, entre les deux yeux.

Elle soulagera également vos maux de tête. Enfin, la respirer de temps à autre vous donnera l'énergie physique nécessaire pour tenir le rythme !

Avec l'acupression

Stimulez le point correspondant au cœur et à l'intestin grêle afin de tenir le rythme dans cette période agitée. En médecine chinoise, ce point est considéré comme central et relance le système énergétique. Appuyez au rythme d'une pression par seconde l'extrémité du petit doigt de la main de part et d'autre de l'ongle auriculaire. Pressez une dizaine de fois le petit doigt de chaque main, afin de prévenir la fatigue, de stimuler la confiance en soi et de faire disparaître la tristesse.

Avec une activité dynamique

Cette phase est le moment idéal pour bouger, vous dépasser et faire de l'activité physique ! Profitez-en pour tester un nouveau cours : de l'aquabike, du yoga bikram ou encore de l'escalade. Mobilisez votre optimisme et votre joie de cette période pour développer votre créativité personnelle et trouver ce qui vous convient le mieux.

Pendant mon ovulation : autour du jour 14

Les énergies en place : je rayonne autour de moi !

Cette phase du cycle vous reconnecte avec votre instinct « maternel », c'est-à-dire que vous êtes prête à faire don de votre personne et de vos capacités aux autres. L'énergie dynamique en place dans le cycle précédent est toujours là, mais elle est à présent désintéressée et plus ouverte. Vos aptitudes intuitives vous apportent la sagesse nécessaire pour vous détacher de ce qui n'est pas important. La puissance sexuelle se retrouve sur le même plan que vos ressentis émotionnels, ce qui peut donner naissance à de belles connexions dans l'intimité. Le domaine créatif est également favorisé.

Pourquoi je me sens comme ça ?

La phase d'ovulation entraîne un regain de confiance en soi et une ouverture aux autres facilitée. Le pic endocrinien à ce moment-là entraîne la sécrétion d'hormones contribuant au bien-être et au bonheur. Vous pouvez ressentir un sentiment de plénitude et d'harmonie, que vous pouvez alors transmettre autour de vous. Vous avez envie d'offrir, d'aider et d'accompagner vos proches avec joie. De plus, vous pourriez avoir envie de vous sentir belle, de porter des vêtements qui mettent en valeur vos formes et de montrer au monde que vous incarnez votre puissance féminine avec grandeur. C'est le moment idéal pour reprendre contact avec des amies, passer du temps en famille ou dans une association caritative. Accueillez toute cette lumière et utilisez-la de la façon dont vous le souhaitez.

Si je suis solaire

Cette période est votre favorite ! Vous pouvez rayonner, danser, rire comme vous aimez tant le faire. Vous êtes dans votre phase nourricière avec votre entourage et vous adorez ça. Attention néanmoins à ne pas vous oublier dans le don généreux de votre temps et de votre énergie. Rappelez-vous qu'il est bon de donner sans rien attendre en retour et que les personnes à qui vous offrez votre joie doivent également être à vos côtés lorsque vous vivez votre intériorité (pendant vos règles, par exemple). Profitez-en pour vous exprimer dans l'harmonie et l'équilibre.

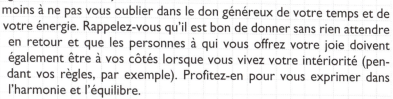

Votre exercice : Faites la liste de toutes les personnes importantes pour vous, sur qui vous pouvez compter et écrivez-leur ou dites-leur directement des messages d'amour.

Si je suis nébuleuse

Les énergies qui vous traversent pendant cette phase peuvent parfois vous sembler intenses. Vous pouvez alterner des instants de profonde confiance en vous avec des moments de doute car l'énergie est très puissante et pas toujours simple à canaliser. Vous ressentez un grand élan de dynamisme pour concrétiser tous vos projets, mais parfois la peur et le doute vous rattrapent. Sachez que vous êtes capable de bien plus que vous ne le pensez. Pratiquez la gratitude et n'hésitez pas à demander conseil à vos proches dans des échanges ouverts et bienveillants.

Votre exercice : Utilisez l'art pour exprimer vos émotions : le dessin, la peinture, la danse, le chant. Écrivez vos pensées lorsque vous vous sentez submergée.

Si je suis lunaire

Cette période de votre cycle vient réveiller la déesse qui sommeille au fond de vous et que vous n'arrivez pas toujours à incarner. Vous ressentez peut-être un profond besoin de plaire, d'être remarquée ou de simplement vous sentir belle. Mais votre caractère introverti peut alors créer une confusion en vous et de la maladresse. Apprenez à canaliser cette puissance sensuelle et créatrice, comprenez que vous êtes tout à fait légitime et à votre place en tant que femme sauvage. Rien ne peut vous arrêter si vous le souhaitez. Profitez-en également pour développer votre réseau professionnel car c'est à ce moment de ce cycle que vous vous sentirez le plus à l'aise.

Votre exercice : Profitez de tester un cours de pole dance, de kundalini yoga ou encore de danse du ventre pour réveiller la déesse en vous.

Grenat : pour éveiller ma déesse sauvage

Ce cristal de couleur brun-ocre symbolise la faculté à concrétiser des projets et représente la force de vie qui s'anime en vous pendant cette phase. Il confère la force et le courage d'entreprendre tout ce que l'on souhaite. Le grenat développe fortement la créativité et la vitalité, amplifie l'énergie d'action et offre une puissance à utiliser sur de brèves périodes en fonction des besoins. Il libère la sexualité des tabous, croyances et limitations afin de vivre en harmonie sa féminité et sa sensualité. Ce cristal vous permettra également d'entrer en communion et de créer un lien profond avec les autres femmes autour de vous, dans un esprit de sororité et d'entraide.

Je booste ma libido naturellement

Afin d'éveiller la déesse en vous et de compléter les bénéfices de votre cristal, certaines techniques naturelles existent. Consommez du gingembre frais râpé, connu pour être aphrodisiaque. Ajoutez-en quelques morceaux dans vos plats. Vous pouvez également diluer 2 gouttes d'huile essentielle d'ylang-ylang dans une huile végétale et vous masser le ventre : cette fleur féminine stimulera votre sensualité.

Enfin, l'infusion de damiana sera appropriée afin de stimuler votre désir et vous aidera à dépasser vos blocages dans ce domaine.

Avant mes règles : jours 21 à 28

Les énergies en place : je suis agitée

Lors de cette phase, les énergies se tournent à nouveau vers l'intérieur. La force et le dynamisme diminuent progressivement, et vous vous sentez parfois nerveuse ou agitée sans savoir où diriger vos élans. Vous pouvez ressentir de la colère ou de la frustration, ainsi qu'une culpabilité très forte. Les capacités spirituelles et créatives sont également plus développées et peuvent donner naissance à de profondes introspections et rêves significatifs, si cette phase est bien acceptée. La différence avec la période menstruelle ? Votre corps ralentit mais votre esprit, lui, est toujours dans l'action, la réflexion et la création. C'est cette contradiction qui s'exprime souvent lors du « syndrome prémenstruel ».

Pourquoi je me sens comme ça ?

Malgré le besoin plus important de sommeil et le ralentissement de votre organisme, votre esprit agité et hyperactif souhaite se développer vers plus de créativité, même s'il ne sait pas toujours comment le matérialiser. La chute hormonale après la période de l'ovulation peut entraîner de fortes émotions et pensées qui ne sont pas toujours rationnelles et qui peuvent vous perturber. Il sera important d'accueillir ce qu'il se passe en vous plutôt que de le contenir, pour que cette phase de transition se déroule au mieux.

Si je suis solaire

Le rayonnement qui vous convient si bien commence à diminuer et à devenir davantage intérieur. C'est la bonne période pour explorer vos zones d'ombre. Or vous n'avez pas toujours envie de les voir, et cela peut créer une confusion très forte en vous. Il est important que vous appreniez à accueillir la lumière mais également vos parts sombres, elles sont là pour vous équilibrer. Impossible de voir les étoiles si on ne contemple pas l'obscurité du ciel…

Votre exercice : Listez tous les obstacles que vous rencontrez sur le chemin vers vos objectifs. Notez ensuite quelles leçons en tirer. Tentez de trouver des solutions pour évoluer et les surmonter.

Si je suis nébuleuse

Vous êtes très sujette aux fluctuations émotionnelles et cette période peut être très difficile pour vous. Essayez de ralentir le rythme avant d'entrer dans votre phase menstruelle pour adoucir la transition. Prenez du temps pour vous, communiquez si vous le souhaitez ou bien retrouvez votre grotte intérieure. Profitez-en pour exprimer votre créativité qui s'éveille à travers l'écriture, le chant ou encore le dessin. Libérez ce qui vous pèse et autorisez-vous à ouvrir les vannes afin d'évacuer la tristesse si vous en ressentez le besoin.

Votre exercice : Prenez un bain chaud avec des bougies et des huiles essentielles comme la lavande pour la détente ou l'ylang-ylang pour la sensualité, afin de vous autoriser une bulle de douceur. Si vous n'avez pas de baignoire, prenez une douche bien chaude, puis enveloppez-vous dans votre peignoir et massez-vous les pieds avec l'une des huiles essentielles citées diluée dans une huile végétale.

JE ME RECONNECTE AU FÉMININ SACRÉ EN MOI

Si je suis lunaire

Vous qui êtes d'un naturel sensible et émotif, cette période peut vous secouer de la tête aux pieds ! Apprenez à aimer votre corps, non à le rejeter. La préparation au nettoyage menstruel vous permet de vous libérer de vos schémas conditionnés qui vous empêchent d'avancer, afin de mieux vivre vos règles, avec sagesse.

Annulez vos rendez-vous facultatifs, mangez ce qui vous fait du bien et prenez le temps de ne rien faire. Faites le point sur vos impératifs et prenez du recul afin de vous recentrer sur ce qui est vraiment important.

Votre exercice : Nettoyez votre intérieur avec de la sauge ou de l'encens afin de purifier votre lieu de vie, puis prenez un bain au sel de l'Himalaya afin de vous débarrasser de toutes les pollutions énergétiques.

Héliodore : pour apaiser la frustration

Ce cristal jaune représente le rafraîchissement, le rétablissement et la tranquillité, qui sont bienvenus pendant cette période prémenstruelle agitée. Il apaise et restaure le système nerveux surmené par un flot trop important de pensées, calme les anxiétés et les inquiétudes. Il encourage l'optimisme afin de traverser cette phase avec davantage de confiance. Enfin, il permet une meilleure utilisation des réserves énergétiques afin de ne pas trop vous épuiser avant vos règles.

J'apaise ma sphère émotionnelle grâce aux techniques naturelles

Cette période prémenstruelle est très souvent accompagnée de fluctuations émotionnelles qui ne sont pas toujours simples à gérer. Afin de pallier cela, déposez 1 goutte d'huile essentielle de petit grain bigarade, réputé pour ses propriétés calmantes, sur votre poignet et respirez. Vous pouvez également diffuser de la mandarine chez vous afin de vous envelopper de douces vibrations apaisantes. Vous pouvez enfin utiliser la synergie Rescue des fleurs de Bach lorsque vous vous sentez dépassée et avez besoin d'un soulagement immédiat. Ces techniques combinées avec vos cristaux vous rendront plus détendue et apte à traverser cette étape.

Chapitre 6
Mon petit livre de sorcière

Au-delà de leurs propriétés thérapeutiques, psychologiques et vibratoires, les pierres sont utilisées depuis des millénaires pour attirer argent, amour et inspiration. Sans se prendre au sérieux, ces traditions sont aujourd'hui remises au goût du jour afin de vous permettre de jouer à l'apprentie sorcière !

Mais les cristaux sont également liés à l'astrologie. De précieux alliés dans son cheminement de développement et d'épanouissement personnel. Laissez-vous guider par la magie !

Mes petits rituels magiques

Mes rituels pour l'amour

J'attire les énergies de l'amour

Afin de faire entrer l'amour dans votre vie, de nouvelles rencontres et perspectives, placez un assemblage de pierres dans un endroit. Mettez au centre une rhodochrosite (symbole de stabilité émotionnelle) de taille moyenne, puis 12 petites aigues-marines autour. Ces dernières représentent la patience. Enfin, disposez autour de cet assemblage 12 quartz roses, symbole d'amour universel pour vous-même et les autres. Chaque mois, allumez une bougie blanche pour la pureté et répétez : « J'accepte l'amour qui m'est offert et je m'ouvre aux possibilités de la vie. Je m'aime autant que j'aime l'autre. »

Je veux séduire une personne précise

Placez un bol devant vous et déposez dans le fond quelques pétales de roses rouges, fleurs de l'amour, ainsi qu'un grenat, une cornaline et un quartz rose. Ces pierres représentent la sexualité, la féminité et l'amour. Allumez une bougie rouge pour la passion et laissez tomber quelques gouttes sur les pétales en récitant à haute voix : « Je m'aime et je mérite l'amour d'autrui. Grâce à ce rituel je m'ouvre aux possibilités d'amour envers cette personne. » Allumez ensuite un bâton d'encens à la rose et restez en méditation silencieuse dans le calme pendant quelques minutes.

Mon rituel pour l'abondance

Je favorise la réussite d'un projet

Placez un tissu blanc sur une table, puis déposez-y un bijou en or ou en argent afin de symboliser la richesse à développer. Disposez également un œil-de-tigre, symbole de persévérance et de clarté. Écrivez sur une feuille blanche le projet que vous souhaitez voir se concrétiser, pliez le papier, puis fermez le tout dans le tissu blanc de manière à former un petit sac. Mettez ce dernier dans un tiroir de votre bureau ou juste à côté, et laissez le temps faire les choses.

Mon rituel de protection

Je chasse les énergies négatives

Afin d'établir un climat harmonieux et positif dans votre intérieur, dessinez ou achetez une fleur de vie, figure géométrique hexagonale, puis placez : un agrégat d'aqua aura au centre afin de repousser d'éventuelles idées noires, puis 6 jaspes jaunes autour pour développer l'optimisme et enfin 6 chrysocolles afin de dissiper les énergies négatives stagnantes. Placez cette matrice au centre de chez vous et laissez ces énergies se mettre en place au fil des semaines. Pensez à nettoyer les pierres toutes les semaines si vous traversez une période particulièrement difficile.

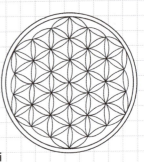

Je crée une amulette protectrice

Allumez une bougie verte pour la guérison, puis une bougie jaune pour l'abondance. Puis glissez dans un petit sac en tissu : un bouton de rose séché pour la chance, une feuille de laurier pour le courage, une amande séchée pour le courage, des fleurs de lavande pour la paix et la protection. Refermez le sachet et écrivez sur une feuille avec un stylo vert ce texte que vous lirez à haute voix : « Déesse bienveillante et protectrice, consacre cette amulette afin que mes peurs et mon esprit puissent être en paix. » Brûlez le papier et placez votre amulette dans votre sac à main afin qu'elle ne vous quitte jamais.

Utilisez les cristaux pour la divination

Dans les temps anciens, les sorcières, guérisseuses ou encore chamanes utilisaient les pierres afin de prédire l'avenir de la communauté et de donner des indications sur les actions à mettre en place. Certains rois avaient également de nombreuses prêtresses pour les accompagner dans la prédiction d'oracles. Vous pouvez vous aussi vous amuser à jouer à l'apprentie sorcière : placez vos cristaux dans un sac opaque, puis plongez la main et observez la pierre que vous avez sélectionnée. Un quartz rose ? Cette journée sera placée sous le signe de l'amour ! Une apatite ? Ce jour sera dédié à la créativité.

Mon cristal de naissance

Tout comme les pierres, chaque signe astrologique correspond à une personnalité. Avec les cristaux, vous pourrez tempérer vos petits défauts ou amplifier vos qualités. Vous pouvez également utiliser les cristaux avec votre ascendant, ce dernier étant parfois tout aussi important que le signe astrologique. Cela peut être un bon moyen de débuter la lithothérapie. Une pierre liée à votre signe astrologique vous apportera des bénéfices quoi qu'il se passe, sans que vous ayez besoin de comprendre intellectuellement si elle correspond à vos attentes ou non.

L'astrologie et les cristaux, comment ça marche ?

Les pierres sont reliées symboliquement à l'astrologie depuis des millénaires dans de nombreuses traditions païennes et ancestrales. Un signe astrologique possède des caractéristiques, tout comme les cristaux, et les mettre en relation donne des combinaisons très intéressantes pour harmoniser les petits défauts ou amplifier les qualités d'un signe. Par exemple, calmer les ardeurs d'une miss Bélier ou bien encourager la créativité d'une miss Poissons.

85

La pierre de naissance, c'est quoi ?

Votre cristal de naissance sera le plus approprié pour harmoniser votre caractère, il saura vous accompagner afin d'amplifier les émotions et pensées positives et sera également un allié de taille pour apaiser ou faire disparaître les tensions, angoisses et côtés négatifs qui parasitent votre personnalité. L'idéal est de le porter au quotidien (et de penser à bien le nettoyer) ou d'en avoir un de taille importante, de plusieurs centimètres de diamètre, chez vous, afin de vous équilibrer au quotidien.

Miss Bélier

Vos qualités : entreprenante, intrépide, passionnée, infatigable et courageuse. Vous savez très clairement qui vous êtes, avec un caractère de leader, vous aimez la nouveauté. Vous foncez avant de réfléchir et ne vous laissez pas abattre si cela ne fonctionne pas.

Vos petits défauts : parfois égocentrique, têtue, nerveuse ou impatiente, vous pouvez manquer de persévérance. Vous avez parfois du mal à comprendre les sentiments des autres. Impulsive, vous agissez avec colère lorsque vos émotions vous submergent.

Votre pierre de naissance : le rubis

Le rubis vous permettra de booster votre vitalité et de vous donner le courage d'accomplir les tâches quotidiennes. Il vous offrira l'énergie nécessaire pour équilibrer vos élans passionnels tout en favorisant votre succès.

Votre cristal SOS : le lapis-lazuli
Afin de vous rendre plus ouverte, tendre, calme, compréhensive et patiente.

Miss Taureau

Vos qualités : stable, enracinée dans la réalité et fiable. Ayant un besoin de sécurité important, vous faites des choix prudents et vous vous fixez des objectifs concrets. Mais vous êtes aussi très créative. Avec Vénus comme planète maîtresse, vous êtes douce, romantique et sensuelle, vous aimez également les plaisirs de la vie.

Vos petits défauts : votre rythme lent peut parfois déstabiliser et vous n'acceptez pas qu'on vous presse. Vous pouvez être butée, matérialiste ou encore gourmande, et un peu flemmarde. Comme on dit chez vous, lentement mais sûrement.

Votre pierre de naissance : l'émeraude

Symbole de paix, de patience et de sérénité intérieure, l'émeraude facilite l'intégration des émotions, apporte de la sagesse et favorise le discernement. Elle ravive également les passions et stimule la créativité.

Votre cristal SOS : l'opale
Afin de vous rendre aventurière, motivée, dynamique, enjouée et tendre envers vous-même.

Miss Gémeaux

Vos qualités : futée, joviale et curieuse de la vie, vous aimez être stimulée, rencontrer de nouvelles personnes et maîtriser un sujet. Vous avez votre place dans les discussions et savez convaincre. Vous êtes dynamique, active et toujours dans l'action.

Vos petits défauts : vous pouvez être trop bavarde. Vous changez souvent d'avis et avez parfois du mal à maîtriser vos émotions. On peut vous accuser d'être légère, car pour vous protéger, vous vous adaptez très facilement, quitte à paraître insensible.

Votre pierre de naissance : la citrine

Elle permet de favoriser la concentration et stabilise la dispersion mentale. Elle renforcera vos énergies créatives, joyeuses et chaleureuses. Elle apporte également l'équilibre émotionnel et augmente la confiance en soi et le respect.

Votre cristal SOS : le jade
Afin de vous rendre sereine, confiante, détachée du jugement des autres, stable et équilibrée.

Miss Cancer

Vos qualités : profondément sensible, vous êtes également attachée au passé et avez une très bonne intuition. Vous êtes tenace et n'abandonnez jamais ceux que vous aimez, vous êtes très proche de votre famille. Dotée d'une très bonne mémoire, vous êtes aussi combative et avez besoin d'aller de l'avant.

Vos petits défauts : vous avez besoin de sécurité émotionnelle et avez tendance à beaucoup vous protéger, au point d'être sur la défensive et possessive. Avec vos émotions explosives, vous avez besoin de vous retrouver seule, quitte à broyer du noir.

Votre cristal SOS : le grenat
Afin de vous rendre plus indépendante, ouverte, positive, prendre du recul et avoir confiance en vous.

Votre pierre de naissance : la pierre de lune

Cristal aux vibrations maternelles, la pierre de lune représente la douceur et la sensibilité. Elle redonne de l'espoir dans les moments sombres et permet de purifier les énergies négatives. Elle développe l'intuition et offre une vision optimiste de la vie.

Miss Lion

Vos qualités : généreuse, extravertie, loyale et plutôt facile à vivre, vous aimez être le centre de l'attention. Confiante, gaie et créative, vous faites souvent preuve de volonté, vous avez du charisme à revendre. Vous aimez croquer la vie à pleines dents.

Vos petits défauts : sous vos apparences lumineuses, vous luttez parfois pour cacher vos faiblesses. Vous pouvez avoir tendance à tout contrôler par peur d'être rejetée. Vous pouvez avoir du mal à admettre vos erreurs, mais si vous mettiez votre ego dans votre poche, vous seriez tout autant aimée !

Votre pierre de naissance : l'œil-de-tigre

L'œil-de-tigre offre la détermination nécessaire afin de concrétiser vos ambitions et vos projets. Il confère patience et ténacité, favorise la concentration et booste la confiance en soi. Il permet également d'obtenir une vision globale et précise d'une situation.

Votre cristal SOS : l'améthyste
Afin d'être moins dans le contrôle, plus ouverte, humble, calme et bienveillante.

Miss Vierge

Vos qualités : vous avez l'œil pour les détails et le sens de l'efficacité. Vous possédez une capacité de concentration rare et le sens de l'analyse, et on envie votre modestie sympathique. Patiente et méticuleuse, vous savez que vous n'êtes pas parfaite mais vous essayez. Serviable et fiable, on peut se reposer sur vos capacités à fournir un travail impeccable.

Votre cristal SOS : le quartz rose
Pour développer votre douceur et votre amour, votre créativité, et pour augmenter votre confiance en vous.

Vos petits défauts : vous êtes dure avec les autres et vous-même. Vous êtes trop perfectionniste. D'un naturel anxieux, vous flirtez même parfois avec l'hypocondrie. Votre personnalité organisée peut aussi aller jusqu'à la maniaquerie et l'entêtement.

Votre pierre de naissance : le peridot

Pierre de pureté et de moralité, le peridot renforce la compassion et l'ouverture. Elle apporte du bon sens et de la modération dans les relations. Elle offre également clarté et lucidité afin d'accompagner l'organisation et la gestion des tâches quotidiennes.

Miss Balance

Vos qualités : raffinée, aimable, sociable et diplomate, vous recherchez la sérénité. Vous êtes charmeuse mais désirez également la stabilité, et le relationnel vous est indispensable. Consciente des implications de vos décisions, vous établissez rapidement des conclusions. Vous essayez souvent d'être objective et d'apporter l'harmonie dans ce monde.

Votre cristal SOS : la turquoise
Pour favoriser la prise de décision, apporter la sécurité émotionnelle et le calme, ainsi qu'équilibrer les changements d'humeur.

Vos petits défauts : souvent mécontente, vous traversez des périodes émotionnelles complexes et n'avez pas toujours confiance en vous. Votre sensibilité peut être facilement froissée et vous ne supportez pas les conflits. Votre indécision peut vous mener à l'inaction et à la frustration. Votre tendance à vous comparer aux autres peut aussi parfois vous fatiguer et vous déprimer.

Votre pierre de naissance : le quartz fumé

Le quartz fumé calme les émotions fortes, perturbatrices pour l'esprit, afin d'apporter de la lucidité et établir l'harmonie autour de vous. Il développe la prise de responsabilités et aide à surmonter les périodes difficiles pour ne pas s'enfermer dans des pensées négatives.

Miss Scorpion

Vos qualités : vibrante, magnétique et passionnée, vous avez une maîtrise personnelle forte et visez souvent haut. Perspicace, émotive et sensuelle, vous avez une intuition très développée. Déterminée, débrouillarde et engagée, vous élaborez vos plans d'attaque et n'abandonnez jamais.

Vos petits défauts : parfois obsessionnelle, jalouse, rancunière, vous pouvez être en proie à la dépression à cause de vos humeurs changeantes. Vous avez tendance à sombrer très profondément et à vous perdre dans vos pulsions noires, mais souvent vous en ressortez transformée.

Votre pierre de naissance : l'obsidienne

Révélatrice de vérités, l'obsidienne permet de développer vos perceptions sensibles. Elle harmonise la pensée et favorise les déblocages émotionnels afin d'équilibrer l'obscurité et la lumière. Elle permet également d'être plus ancrée et moins perméable aux émotions des autres.

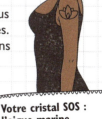

Votre cristal SOS : l'aigue-marine
Pour être équilibrée, intuitive, optimiste, créative et pour que vous puissiez exprimer vos émotions.

Miss Sagittaire

Vos qualités : esprit libre et souvent de bonne humeur, vous aimez les discussions philosophiques, entourée de petits groupes d'amis. Optimiste, agitée et indépendante, votre vie est une aventure. Vous aimez voir le monde et le comprendre. Décontractée, franche et honnête, vous savez encaisser les coups et rebondir.

Vos petits défauts : vous êtes souvent tiraillée entre votre désir de vivre à fond et votre sagesse intérieure. Vous avez tendance à remettre à plus tard les choses, à exagérer et à vouloir imposer vos idées. Parfois maladroite, vous pouvez manquer de tact et ne pas savoir mentir pour protéger votre entourage.

Votre pierre de naissance : la turquoise

La turquoise protège les voyageurs, elle perfectionne l'éloquence et favorise le sens de la repartie. Elle équilibre les changements d'humeur et développe la sérénité. Elle permet également de valoriser les talents et de se sentir à sa place.

Votre cristal SOS : le jaspe rouge
Afin de développer vos projets, avoir confiance en vos capacités et avoir foi en vos rêves.

Miss Capricorne

Vos qualités : productive, responsable et ambitieuse, vous avez le regard sur vos objectifs. Patiente, minutieuse et économe, vous savez surmonter les obstacles, garder votre calme et vous autodiscipliner. Vous êtes aussi sensuelle et aimez les bonnes choses de la vie sans pour autant être matérialiste.

Votre cristal SOS : la sélénite
Pour développer la confiance en vous, l'ouverture aux autres, la concentration, la clarté d'esprit et le discernement face aux difficultés.

Vos petits défauts : parfois bourreau de travail ou à l'inverse procrastinatrice, vous pouvez aussi être déprimée, pessimiste ou encore peureuse. Vous évitez de parler de vos émotions et préférez souffrir en silence. Vous acquérez de la sagesse en vieillissant et apprenez à être moins rigide avec le temps.

Votre pierre de naissance : l'onyx

L'onyx apporte la stabilité. Il contribue à renforcer l'estime de soi, la confiance et le contrôle de soi-même. Il stabilise les caractères inconstants, permet d'affronter les bouleversements de la vie et offre une juste analyse des événements.

Miss Verseau

Vos qualités : altruiste et moderne, vous aimez vous questionner sur le sens de la vie. Visionnaire et humaniste, vous avez des principes nobles et généreux. Sympathique, décontractée et l'esprit ouvert, vous aimez aller à la rencontre des gens. Anticonformiste à l'esprit inventif, vous pouvez parfois être avant-gardiste.

Votre cristal SOS : la cornaline
Afin de développer l'optimisme, la joie, la confiance, l'ancrage aux personnes distraites et la bienveillance.

Vos petits défauts : votre anticonformisme peut entraîner de la rébellion et de l'entêtement. Vous pouvez sembler froide et distante par peur de l'intimité. Votre profonde sensibilité peut également vous jouer des tours.

Votre pierre de naissance : le lapis-lazuli

Le lapis-lazuli stimule votre intelligence, la finesse de votre esprit et votre créativité. Il offre des capacités de communication avec les autres et développe l'intuition afin de mieux comprendre le monde qui vous entoure.

Miss Poissons

Vos qualités : sympathique et réceptive, vous êtes une grande sensible. Vous possédez un grand cœur, généreux et empathique. Vous avez une profonde intuition qui vous guide. Vous osez prendre des risques et prenez les choses avec philosophie. Vous êtes également créative et optimiste.

Vos petits défauts : parfois utopiste, crédule et rêveuse, vous pouvez être aussi une écorchée vive. Indécise, fragile, vous êtes une éponge émotionnelle ! Vous êtes votre pire ennemi lorsque vos rêves ne sont pas comblés et pouvez parfois vous réfugier dans votre grotte solitaire.

Votre pierre de naissance : l'améthyste

Pierre de spiritualité, l'améthyste permet de développer vos rêves et intuitions. Elle favorise la maîtrise des émotions, le courage et la concentration. Elle stimule également la clarté d'esprit, la créativité ainsi que l'imagination.

Votre cristal SOS : la tourmaline
Afin d'équilibrer votre empathie, et faire de vous une personne plus ancrée, en confiance, stable et dynamique.

Carnet d'adresses

L'auteur
www.bonheuraunaturel.fr
Retrouvez-la également sur
- Facebook : https://www.facebook.com/bonheuraunaturelblog
- Instagram : https://www.instagram.com/bonheuraunaturel/
- Twitter : https://twitter.com/BonheurNaturel
- Pinterest : https://www.pinterest.fr/bonheurnaturel/

Boutiques de cristaux :
- https://www.chateaucristal.com/
- http://larochemere.fr/
- https://www.midobras.com/
- https://www.maisondelaradiesthesie.fr/
- https://www.lacoupedesfees.com/fr/
- http://cristal-essence.com/
- http://www.1001mineraux.com/

Bibliographie

Livres en français :
Judy HALL, *La Bible des cristaux*, Guy Trédaniel, 2004.
Michael GIENGER, *430 pierres aux vertus thérapeutiques*, Guy Trédaniel, 2007.
Patrick DROUOT, *Le Pouvoir secret des cristaux*, Presses du Châtelet, 2012.
Wydiane KHAOUA-BRIEZ, *Les 12 pierres essentielles pour votre bien-être*, Leduc, 2007.
Sarah BARTLETT, *Cristaux. De la santé à la divination*, Vigot, 2017.
Murielle TOUSSAINT, *Mon cahier de lithothérapie*, Mosaïque Santé, 2017.
Henry M. MASON et Brittani PETROFSKY, *Crystal Grids. Les matrices de cristaux*, Trajectoire, 2017.
Philip PERMUTT, *Cristaux et chakras*, Courrier du livre, 2015.
Shalia SHARAMON et Bodo J. BAGINSKI, *Manuel des chakras*, Médicis, 2009.
Toni C. SALERNO, *L'Oracle des cristaux*, Contre-dires, 2012.
Arnaud THULY, *Plantes et encens de purification*, Alliance magique, 2017.
Danièle FESTY, *Ma Bible des huiles essentielles*, Leduc, 2008.
Jean-Pierre THEALLET, *Le guide familial des plantes qui soignent*, Albin Michel, 2016.
Daniel KIEFFER, *Naturopathie*, Grancher 2010.
Marc Ivo BOHNING, *Aromathérapie des chakras*, Recto Verseau, 2017.

Rae ORION, *L'Astrologie pour les Nuls*, First, 2005.
Matthieu RICARD, *L'Art de la méditation*, Pocket, 2010.
Michel ODOUL, *La Phyto-énergétique*, Albin Michel, 2016.
Alexandra JODOROWSKY, *La voie du tarot*, J'ai lu, 2010.
Christophe ANDRÉ, *Et n'oublie pas d'être heureux*, Odile Jacob, 2016.
Aurore WIDMER, *My Spiritual Therapy* (ebook)
Aurore WIDMER, *Mes petits guides lunaires* (ebooks)

Livres en anglais :
Heather ASKINOSIE, *Crystal Muse, Everyday Rituals to Tune in to The Real You*, Hay House, 2017.
Ethan LAZZERINI, *Crystal Healing for the Chakras*, 2016.
Emma MILDON, *The Soul Searcher's Handbook*, S&S International, 2015.

Remerciements
Merci aux Éditions Solar de m'avoir offert l'opportunité d'écrire mon premier livre papier et tout particulièrement grâce aux conseils bienveillants de Gwaldys Greusard qui m'a accompagnée pas à pas.
Je remercie mes proches pour leur soutien, mon compagnon pour sa patience face aux longues heures passées sur l'ordinateur et toutes les personnes croisées sur mon chemin qui m'ont menée jusqu'ici.

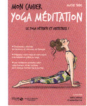
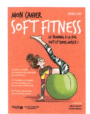

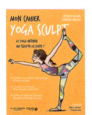

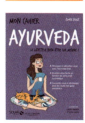

**LES BEAUTIFUL GIRLS,
C'EST TOUTE UNE COMMUNAUTÉ !**
Retrouvez plein de bonus, de conseils feel good,
des recettes, des trainings,
et des actus tendance MADE BY MON CAHIER !

Un lieu rien que pour vous :
http://mylifeisbeautiful.fr

Une communauté de filles stylées :
◦ VOUS DÉCHIREZ ◦
mylifeisbeautiful.fr   mylifeisbeautiful.fr

Direction : Jean-Louis-Hocq
Direction éditoriale : Suyapa Hammje
Édition : Gwladys Greusard
Conception et mise en couleur de la couverture : Stéphanie Brepson
Mise en pages : Nord Compo
Fabrication : Céline Premel-Cabic

© Éditions Solar, 2018, Paris

Tous droits de traduction, d'adaptation et de reproduction par tous procédés, réservés pour tous pays.

ISBN : 978-2-263-15485-0
Code éditeur : S15485
Dépôt légal : mars 2018
Imprimé en France par ime by estimprim

HarmonieSolar
harmonie_solar
mylifeisbeautiful.fr
mylifeisbeautiful.fr

http://www.mylifeisbeautiful.fr/

Solar | un département **place des éditeurs**

place
des
éditeurs